학생, 신앙, 운동

청년이 읽는 설교 1

학생,
Student

신앙
For,

SFC의 정체성에 대한
세 편의 설교

Christ 운동

우병훈 지음

SFC

학생, 신앙, 운동

초판 1쇄 발행 2024년 12월 20일

지은이	우병훈
펴낸이	허태영
디자인	그리고그린
펴낸곳	에스에프씨(SFC)출판사
주소	(06593) 서울특별시 서초구 고무래로 10-5 2층 SFC출판부
Tel	(02)596-8493
Fax	(02)537-9389
홈페이지	www.sfcbooks.com
이메일	sfcbooks@sfcbooks.com
기획/편집	편집부
ISBN	979-11-989050-2-4 (03230)
값	10,000원

잘못된 책은 구입하신 곳에서 교환해드립니다

머리말 07

1장 그리스도께 배우는 "학생" 11
2장 그리스도를 믿는 "신앙" 35
3장 그리스도와 함께 하는 "운동" 67

머리말

여기에 실린 설교들은 2023년 6월 마지막 주에 있었던 제50회 전국SFC대학생대회에서 전한 세 편의 설교를 모은 것입니다. 당시 주제는 반백년을 맞이하는 대학생대회의 취지에 맞게 "학생 신앙 운동"이었습니다. 주제를 미리 들었지만 포스터를 처음 접한 저는 "이번 대학생대회의 주제가 뭐지?"라고 스스로 물으며 주제를 따로 찾다가, "아하! 이번 주제는 학생 신앙 운동이었지!"라고 뒤늦게 깨달았던 기억이 납니다.

저는 대학시절 내내 SFC를 열심히 했습니다. 그런 저에게 여전히 잊히지 않는 장면은 밤새도록 "잠포"(잠을 포기한 심포지움)를 하면서 "SFC의 정체성은 무엇인가?"를 토론하던 모습이었습니다. 대학을 졸업한 지 25년쯤 지난 다음에 전국SFC 대학생대회 설교를 준비하면서 다시금 "과연, SFC의 정체성은 무엇인가?"라고 질문하면서 설교를 준비할 수 있었던 것은 하나님께서 저에게 주신 큰 특권이었습니다.

여기 실린 설교들은 당시 제가 작성했던 원고를 (몇몇 예화만 빼고) 거의 그대로 실은 것입니다. 실제로 당시 설교를 들었던 분들은 혹은 유튜브에 아직도 남아 있는 영상을 보신 분들은 이 설교문과 당시 저의 설교가 다른 점들이 있음을 눈치 채실 것입니다. 당시에는 천 명 정도 되는 운동원들과 간사님들 앞에서 저도 모르게 강조점을 조금씩 이동하여 전하기도 했고, 때로는 시간상의 이유 때문에 몇 부분을 생략하고 넘어가기도 했습니다. 하지만 원래 제가 전하고자 했던 핵심은 동일합니다. 우리는 그리스도께 배우는 학생이어야 하며, 우리의 신앙은 그리스도에 대한 신앙이어야 하며, 우리의 운동은 그리스도와 함께 하는 운동이어야 합니다!

SFC가 존속하는 한, 우리는 계속해서 "SFC의 정체성은 무엇인가?"라고 물어야 할 것입니다. 특히나 급변하는 21세기 한국 교회와 대학과 사회 속에서 이 질문은 더욱 진지하게 답해져야 할 것입니다. 저는 결국 그 답이 그리스도께 있음을 이 세 편의 설교를 통해 보여주고자 했습니다. SFC뿐만 아니라 사실 모든 그리스도인은 끊임없이 그리스도께로 나아가서 그 앞에 엎

드려 묻고 듣고 복종해야 합니다. 이 설교를 읽고서 한 사람이라도 그러한 결심을 하게 된다면 저의 수고는 충분히 보상 받은 셈이 될 것입니다.

설교문을 다시금 가다듬으면서 감사드리고 싶은 분들이 생각납니다. 그 당시 자주 소통해 주셨던 공경민 간사님, 복음학교를 통해서 열심히 복음을 전하고 변증하셨던 이정규 목사님, 묵묵히 응원해 주신 허태영 대표간사님께 감사드립니다. 그리고 당시의 전국 위원으로 수고하셨던 운동원들께 감사합니다. 부족한 설교를 출판하도록 수고해 주신 김명일 간사님과 출판부 모든 분들께도 감사합니다.

Soli Deo Gloria!

저자 씀

1장
그리스도께 배우는 "학생"

마 28:16-20; 신 5:1; 사 42:4

마 28 ¹⁶ 열한 제자가 갈릴리에 가서 예수께서 지시하신 산에 이르러 ¹⁷ 예수를 뵈옵고 경배하나 아직도 의심하는 사람들이 있더라 ¹⁸ 예수께서 나아와 말씀하여 이르시되 하늘과 땅의 모든 권세를 내게 주셨으니 ¹⁹ 그러므로 너희는 가서 모든 민족을 제자로 삼아 아버지와 아들과 성령의 이름으로 세례를 베풀고 ²⁰ 내가 너희에게 분부한 모든 것을 가르쳐 지키게 하라 볼지어다 내가 세상 끝날까지 너희와 항상 함께 있으리라 하시니라.

신 5 ¹ 모세가 온 이스라엘을 불러 그들에게 이르되 이스라엘아 오늘 내가 너희의 귀에 말하는 규례와 법도를 듣고 그것을 배우며 지켜 행하라.

사 42 ⁴ 그는 쇠하지 아니하며 낙담하지 아니하고 세상에 정의를 세우기에 이르리니 섬들이 그 교훈을 앙망하리라.

유일한 선생이신 예수님

기독교는 예수님을 "선생님"이라고 부릅니다. 그런데 세상에는 선생들이 참 많은 것 같습니다. 예전에는 정보가 적어서 문제였다면, 요즘은 정보가 너무 많아서 문제입니다. 유튜브 채널을 운영하는 분들은 하나 같이 선생이 되어서 어떤 내용들을 전달하고 가르치려고 합니다.

옛날에는 텔레비전 채널 숫자가 몇 개 안 되었습니다. KBS, MBC 정도였지요. 저는 아직도 SBS라는 채널이 새로 생긴 때를 기억합니다. 학교를 마치고 집으로 오면서 친구들과 새로운 TV 채널이 생긴다는 것 때문에 매우 신기해하면서 대화를 했던 기억이 납니다. 그러다가 케이블 TV가 나오면서 채널 숫자가 수십 개로, 수백 개로 늘어났습니다. 이것만 해도 엄청나지요. 그런데 유튜브 채널은 몇 개나 될까요? 팀 퀸$^{Tim\ Queen}$이라는 사람이 조사한 바에 따르면 2023년 기준으로 유튜브 채널은 113,900,000개 정도 됩니다.[1] 물론 이 모든 유튜브 채널이 활발하게 운영되는 것은 아닐 겁니다. 하지만 숫자가 그 정도로 많다는 것은 놀랍습니다.

예수님 당시도 마찬가지였습니다. 그때 이방 세계는 헬레니즘 시대 철학 사조가 만연했습니다. 플라톤이나 아리스토텔레스를 따르는 사람들, 스토아 학파, 에피쿠로스 학파 등등 아주

---

1 https://timqueen.com/youtube-number-of-channels/?t

다양한 철학 사조들이 있었죠. 그 다양한 사조를 가르치는 선생들이 많았습니다.

유대인들도 마찬가지였습니다. 선생이 많았어요. 구약 성경에는 배우며 지키게 하라는 말씀이 자주 나옵니다. 그 중에 하나가 신명기 5장 1절입니다.

> 모세가 온 이스라엘을 불러 그들에게 이르되 이스라엘아 오늘 내가 너희의 귀에 말하는 규례와 법도를 듣고 그것을 <u>배우며 지켜 행하라.</u>

쉐마라고 불리는 신명기 6장 4절 이하에도 이런 말씀이 나옵니다.

> ⁴ 이스라엘아 들으라 우리 하나님 여호와는 오직 유일한 여호와이시니 ⁵ 너는 마음을 다하고 뜻을 다하고 힘을 다하여 네 하나님 여호와를 사랑하라 ⁶ 오늘 내가 네게 명하는 이 말씀을 너는 마음에 새기고 ⁷ 네 자녀에게 부지런히 가르치며(teach; שנן) 집에 앉았을 때에든지 길을 갈 때에든지 누워 있을 때에든지 일어날 때에든지 이 말씀을 강론할 것(talk; דבר)이며 ⁸ 너는 또 그것을 네 손목에 매어 기호를 삼으며 네 미간에 붙여 표로 삼고 ⁹ 또 네 집 문설주와 바깥 문에 기록할지니라.

유대인들은 이 말씀을 문자적으로 지키기 위해 지금도 "테

필린"이라는 것을 실제로 머리와 팔에 붙이는 의식을 행합니다. 유대인들은 신명기 6장과 같은 말씀에 근거하여 토라를 열심히 가르쳤습니다. 그렇게 율법을 배우는 장소가 바로 회당이었습니다.

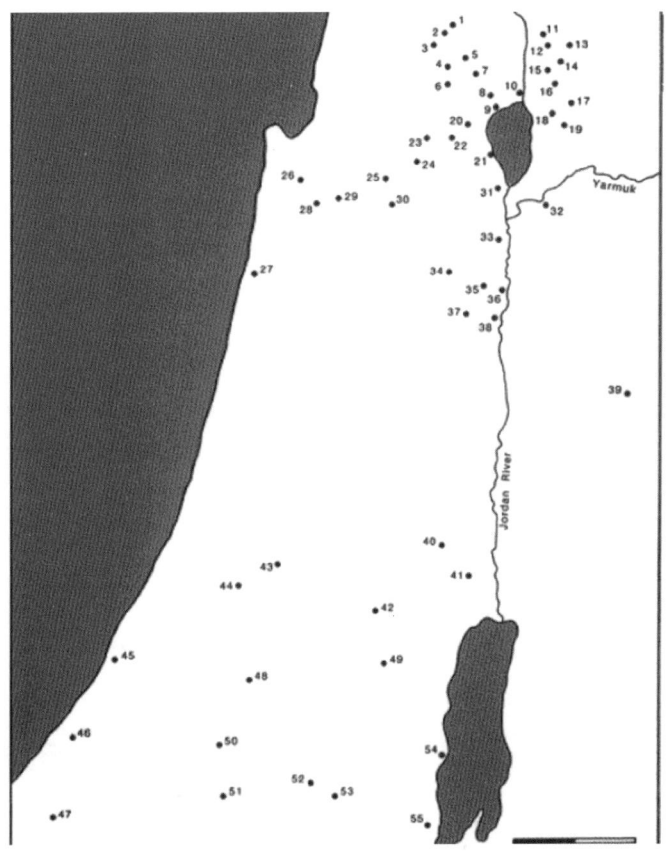

회당이 있던 위치

1, Bar'am; 2, Marous; 3, Sasa; 4, Meiron; 5, Nabratein; 6, H. Shem'a; 7, H. Shura; 8, Chorazin; 9, Capernaum; 10, H. Dikke; 11, Dabbura; 12, 'En-Neshut; 13, Dabiya; 14, Kazrin; 15, 'Assalieh; 16, Zumimra; 17, Gamla; 18, H. Kanef; 19, Umm el-Kanatir; 20, Veradim; 21, Ḥammath Tiberias; 22, 'Arbel; 23, H. Ha'Amudim; 24, Kefar Kana; 25, Sepphoris; 26, Ḥusifa; 27, Caesarea; 28, H. Summak; 29, Beth She'arim; 30, Japhi'a; 31, Beth-Yeraḥ; 32, Ḥammath Gader; 33, Kakhav Ha-Yarden; 34, Beth 'Alpha; 35, Beth-shean; 36, Ma'oz Ḥayim; 37, Reḥob; 38, Tirat Zvi; 39, Gerasa; 40, Na'aran; 41, Jericho; 42, Jerusalem; 43, Sha'albim; 44, Ḥuldah; 45, 'Ascalon; 46, Gaza; 47, Ma'on; 48, Beth-Govrin; 49, Herodium; 50, H. Kishor; 51, H. Rimmon; 52, 'Eshtmo'a; 53, Susiya; 54, 'Ein-Gedi; 55, Masada. (Redrawn from Hachlili 1988: 142, map 2.) **총 55개**

고고학적 연구에 따르면 팔레스타인에는 총 55개의 회당이 있었습니다.[2] 대략적으로 갈릴리 지방에는 20개 정도의 회당이 발견되었습니다. 물론 이 회당들 중에는 후대에 생긴 것도 있습니다. 하지만 고고학자들은 AD 70년 이전에 갈릴리 지역만 적

---

[2] Eric M. Meyers, "Synagogue: Introductory Survey," ed. David Noel Freedman, *The Anchor Yale Bible Dictionary* (New York: Doubleday, 1992), 6:255.

어도 9개 정도의 회당이 존재했었다고 주장합니다.³

유대인들은 안식일이면 회당에 모여서 성경을 배웠습니다. 팔레스타인에 50개가 넘는 회당이 있었는데, 회당 하나 당 랍비가 몇 명만 있어도 100명에서 200명의 랍비가 있었다고 추정할 수 있습니다. 그 많은 랍비들은 선생이라고 불리며 가르침을 베풀었습니다. 하지만 예수님은 마태복음 23장 8절에서 이렇게 말씀하십니다.

그러나 너희는 랍비라 칭함을 받지 말라 <u>너희 선생은 하나요</u> 너희는 다 형제니라.

랍비라 불리는 그 많은 사람들이 선생이 아니라, 오직 선생은 한 분 그리스도뿐이라고 말씀하십니다. 왜 예수님은 유일한 선생님이 되십니까? 오늘 본문은 바로 그 이유를 우리에게 알

---

3 Craig A. Evans, *NT307 Archaeology and the New Testament*, Logos Mobile Education (Bellingham, WA: Lexham Press, 2014), "But Were There Synagogues?"라는 항목을 보라. 에반스는 주후 70년까지는 회당이 존재하지 않았다고 주장하는 하워드 클락 키(Howard Clark Kee)의 견해를 효과적으로 반박한다. 에반스에 따르면 주전 20년경에 태어나서 주후 50년경에 죽었던 알렉산드리아의 필로도 회당에 대해 언급했다. 그리고 요세푸스도 역시 회당에 대해 언급했다. 따라서 주후 70년 이전에는 회당이 존재하지 않았다는 하워드 키의 주장은 틀린 것이다.

려줍니다.

예수님의 권세

첫째로, 예수님께서 유일한 선생이 되시는 이유는 특별한 권세를 가지셨기 때문입니다.

본문 16-17절을 보세요.

[16] 열한 제자가 갈릴리에 가서 예수께서 지시하신 산에 이르러
[17] 예수를 뵈옵고 경배하나 아직도 의심하는 사람들이 있더라.

본문의 시점은 부활하신 이후입니다. 장소는 갈릴리입니다. 부활하신 예수님께서 갈릴리에서 제자들을 만나서 주신 말씀이 바로 오늘의 본문입니다. 마태복음에서 갈릴리는 예루살렘과 대조가 됩니다. 예루살렘이 예수님을 박해하고 내쫓고 십자가에 못 박았던 도시라면, 갈릴리 지역은 예수님께서 제자들을 처음 만나신 곳입니다. 부활하신 예수님은 처음 제자들을 부르셨던 그곳에서 다시 그들을 부르십니다. 저는 대학생 대회나 수련회가 바로 그런 곳이라 생각합니다. 사실 저는 중학교 2학년 수련회에서 처음 주님을 만났습니다. 그렇기에 수련회를 가면 아직도 그때 저를 만나주셨던 예수님에 대한 기억이 생생합니다.

그런데 17절을 보시면, "아직도 의심하는 사람들이 있더라."라고 했습니다. 원어는 "그러나 그들이 의심하였다."입니

다. 의심하는 사람들이 몇 명인지 모르지만, 전부 다 의심하고 있었다고 볼 수도 있습니다. 그런데 여러분 참 신기하게도 예수님은 그들의 의심에 대해 뭐라고 말하지 않으시고 곧장 말씀을 이어가십니다. 지금도 마찬가지입니다. 여러분 가운데는 신앙이라는 것에 대해 의심하는 사람도 있을 겁니다. 하지만 말씀을 계속 들어보세요. 그러면 예수님을 만나게 됩니다. 예수님은 말씀 가운데 찾아오시기 때문입니다.

18절에서 예수님은 이렇게 말씀하십니다.

> 예수께서 나아와 말씀하여 이르시되 하늘과 땅의 모든 권세를 내게 주셨으니

여기에서 하늘과 땅의 권세는 무한한 권세를 뜻합니다. 예수님께서 가르치실 때 이미 사람들은 예수님께서 권세가 있는 분이라는 사실을 깨닫고 있었습니다.

마태복음 7장 28-29절은 이렇게 말합니다.

> [28] 예수께서 이 말씀을 마치시매 무리들이 그의 가르치심에 놀라니 [29] 이는 그 가르치시는 것이 권위 있는 자와 같고 그들의 서기관들과 같지 아니함일러라

예수님의 가르침은 권세가 있었어요. 서기관들은 가르칠 때 "랍비 누구누구는 이렇게 말했다."라는 식으로 가르쳤어요. 하지만 예수님은 "모세는 이렇게 말했지만, 나는 이렇게 말한다."라는 식으로 가르치셨습니다. 예수님 안에서 구약을 뛰어넘는 새로운 말씀이 주어졌던 거예요.

또한 예수님은 죄를 사하는 권세도 있으셨습니다(마 9:6). 더러운 귀신을 쫓아내시고 병을 고칠 수 있는 권세를 가지셨을 뿐만 아니라, 그러한 권세를 제자들에게 나눠주실 수 있는 권세도 가지셨습니다(마 10:1). 이 정도면 대단한 권세 아닙니까? 그런데 지금 본문에서 주님은 그보다 더 큰 권세를 말씀하십니다. 그것은 바로 "하늘과 땅의 모든 권세"입니다.

"하늘과 땅의 모든 권세"라고 하면 무엇이 떠오르세요? "하늘과 땅"은 한자어로 "천지"입니다. 성경에서 "천지"라는 말이 제일 처음 나오는 곳은 어디죠? 창세기 1장 1절입니다. "태초에 하나님이 천지를 창조하시니라." 그렇습니다. 예수님께서 가지신 권세는 천지를 창조 하실 수 있는 권세입니다. 말씀 한 마디로 이 우주 자체를 만드실 수 있는 권세입니다.

그 권세는 원래 예수님께서 가지고 계셨잖아요? 그런데 예수님은 지금 하나님으로부터 "하늘과 땅의 모든 권세"가 자신에게 주어졌다고 말씀하고 있습니다. 그것도 부활 이후에요. 그렇다면 여기 나오는 이 권세는 세상을 창조하는 권세뿐 아니라,

그 세상을 이제 하나님의 뜻대로 재창조하는 권세를 뜻합니다. 한 마디로 말해서 죽음의 권세를 이기고 이제 모든 믿는 사람을 구원하고, 그들에게도 영생을 주실 수 있는 권세를 뜻합니다. 청교도 존 오웬은 『그리스도의 죽음 안에서 죽음의 죽음』이라는 책을 썼습니다. 예수님은 죽음의 권세를 끝장내신 분입니다.

여러분, 이것이 예수님이 여러 랍비들 중에 한 분이 아니라, 유일한 선생님이 되시는 이유입니다. 흔히들 세계 4대 성인으로 석가모니, 소크라테스, 공자, 예수님을 듭니다. 하지만 석가모니, 소크라테스, 공자와 예수님의 근본적인 차이가 있습니다. 그들이 훌륭할 수 있겠지만 죽었다는 사실입니다. 하지만 예수님은 죽음을 이기신 권세를 가지고 계신 분입니다. 다른 종교는 죽음으로 끝나는 종교입니다. 하지만 기독교는 그렇지 않습니다. 기독교는 생명 그 자체입니다. 왜냐하면 그리스도께서 나를 위해 죽으셨을 뿐 아니라, 나를 위해 다시 살아나셨기 때문입니다.

예수님이 그렇게 놀라운 권세로 가르치시고, 죄를 사하시고, 병을 고치시고, 귀신을 쫓아내셨더라도, 그분이 십자가에서 죽고 부활하지 못하셨다면, "하늘과 땅의 모든 권세"를 가졌다고 말할 수 없는 거예요. 하지만 예수님께서는 그 죽음마저도 이기셨기 때문에, 이제 그 죽음이 예수님 안에서는 아무런 힘도 쓰지 못하고 박살나기 때문에, 예수님은 "하늘과 땅의 모든 권세"를 가지신 유일한 선생님이 되십니다. 이 예수님을 믿으시기 바랍니다.

예수님의 명령

둘째로, 예수님께서 유일한 선생이 되시는 이유는 특별한 명령을 주시기 때문입니다.

본문 19절과 20절 상반절입니다.

¹⁹ 그러므로 너희는 가서 모든 민족을 제자로 삼아 아버지와 아들과 성령의 이름으로 세례를 베풀고 ²⁰ 내가 너희에게 분부한 모든 것을 가르쳐 지키게 하라 ...

우리말 번역에는 명령문이 쭉 연결되어 있습니다. 하지만 헬라어 원문으로 보면 이렇게 되어 있습니다. "가면서, 세례 주면서, 가르치면서, 제자를 삼으라!" 그러니까 제자를 삼는 것이 최종 명령입니다. 그런데 그것을 위해서 가야 하고, 세례를 줘야 하고, 가르쳐야 합니다.

먼저, 주님은 제자들에게 가라고 명령합니다. 당시 유대교는 가서 선교하는 개념이 전혀 없었습니다. 에크하르트 슈나벨이라는 신약학자에 따르면, "유대주의는 주후 1세기 이전에는 선교 이론도 없었고 조직된 선교 행위도 없었다."라고 합니다.[4] 유대교는 구심력적 선교만 강조했습니다. 오라는 거죠. 유대인들은 자기들이 하나님을 잘 믿고, 율법을 잘 지켜서 복을 받으면, 세상 사람들이 와서 보고 믿게 될 것이라 생각했습니다. 그런데 주님은 와서 보라고 명령도 하셨지만, 가서 전하라고도 명령하십니다. 우리는 가야 합니다. 가면 만납니다. 예비하신 영혼은 어디에나 있어요.

저는 예전에 진주 지역에서 중고등부 아이들에게 복음을 전했습니다. 그런데 담당하시는 간사님이 저에게 이렇게 말씀하시는 거예요. "교수님, 저희 동네 아이들은 힘든 친구들이 많아요. 부모님이 이혼하셔서 할머니나 외할머니랑 사는 애들이 많습니다. 특별히 신경 써서 복음을 전해주세요." 그래서 제가 정말 열심히 기도하고 준비했습니다. 가서 아이들 한 명 한 명을 사랑하는 마음으로 복음을 전했습니다. 단 한 영혼이라도 예수님을 믿고 변화되기를 간절히 바라는 마음으로 전했어요. 그랬더니, 돌아오는 길에 그 교회 담임목사님으로부터 전화가 왔습니다. "교수님, 오늘 처음 교회 온 중학교 2학년 여학생이 있는데, 이렇게 말했습니다. '저 목사님이 전한 예수님, 저도 믿고

---

[4] Eckhard J. Schnabel, *Early Christian Mission*, 2 vols. (Downers Grove, IL: InterVarsity Press, 2004), 173; 그랜트 오스본, 『강해로 푸는 마태복음』, 존더반 신약주석, 김석근 역(서울: 디모데, 2015), 1198.

싶어요.'"

그래요, 여러분, 우리는 가야 합니다. 가면 만납니다. 부활하신 주님은 언제 어디서나 복음으로 사람을 부르십니다.

그리고, 주님은 제자들에게 세례를 주라고 하십니다. 세례는 성찬과 더불어 주님께서 주신 성례입니다. 세례에 대해서 두 가지 잘못된 견해가 있습니다. 하나는 로마 가톨릭처럼 세례를 받아야지만 구원을 받는다고 믿는 이른바 "세례중생설"입니다. 그렇지 않습니다. 우리가 어떻게 하면 구원 받지요? 예수님을 믿기만 하면 구원 받습니다. 그렇기에 세례가 구원을 가져다주는 건 아닙니다.

다른 하나는 현대인들의 "편의주의 신앙생활"에서 나온 견해입니다. 믿기만 하면 구원 받으니까, 굳이 세례는 받을 필요가 없다는 겁니다. 요즘 젊은 부모님들은 아이를 낳았는데도 유아세례를 거부하려는 분이 있어요. 하지만 이 또한 잘못 되었습니다. 왜요? 오늘 본문에서 예수님께서 세례를 베풀라고 말씀하시잖아요. 세례는 주님의 명령입니다. 그렇기에 우리는 믿고 세례를 받아야 하며, 자녀에게도 유아세례를 베풀어야 합니다.

세례는 무엇일까요? 종교개혁자들은 세례는 우리가 받은 구원에 표sign와 인seal이 된다고 합니다. 표라는 것은 구원을 보여주는 표지라는 것입니다. 세례의 물은 우리의 옛 죄가 씻기고, 새로운 생명을 받게 되었다는 것을 지시합니다. 인이라는 것은 도장이라는 뜻입니다. 더욱 확실한 믿음 가운데 깨닫도록 도장을 찍어준다는 의미입니다.

<u>그리고, 주님은 제자들에게 가르쳐 지키게 하라고 하십니다.</u> 가르칠 때 무엇을 가르칠까요? 예수님께서 분부한 모든 것을 가르쳐 지키게 해야 합니다. 마태복음만 보더라도 예수님의 가르침은 엄청납니다. 마태복음 5, 6, 7장에는 예수님께서 산상수훈을 통해서 제자들을 가르치신 것을 자세하고 길게 적고 있습니다. 마태복음 10장과 11장에서 예수님은 열두 제자를 파송하시면서 길게 교훈을 주십니다. 마태복음 18장에서 예수님은 천국에서 누가 큰 사람인지 가르쳐 주십니다(마 18:1-14). 용서에 대해서도 가르쳐 주십니다(18:15-3). 마태복음 19장에서는 이혼에 대해서, 그리고 재물에 대해서 가르쳐 주십니다(19:1-12; 19:16-30).

무엇보다 마태복음에서 예수님은 천국에 대한 비유를 자세히 풀어주십니다. 마태복음에는 비유가 50개 정도 나옵니다.[5] 마태복음 13장에만 천국 비유가 8개 나옵니다. 씨 뿌리는 자와 네 가지 땅에 대한 비유(마 13:1-23), 가라지 비유(마 13:24-30, 36-43), 겨자씨 비유(마 13:31-32), 누룩 비유

---

[5] 양용의, "마태복음에 나타난 비유들의 핵심" https://bjc3028.tistory.com/7206412 분량으로 보자면 마태복음의 1/4 정도가 비유다.

(마 13:33), 보화 비유(마 13:44), 진주 비유(마 13:45), 그물 비유(마 13:46-50), 곳간에서 옛 것과 새 것을 내오는 집주인 비유(마 13:51-52)입니다. 그 외에도 비유가 많이 나옵니다. 용서할 줄 모르는 종의 비유(마 18:21-35), 포도원 품꾼 비유(마 20:1-16), 포도원 농부 비유(마 21:33-46), 혼인 잔치 비유(마 22:1-14; 눅 14:15-24), 열 처녀 비유(마 25:1-13), 달란트 비유(마 25:14-30), 염소와 양의 비유(마 25:31-46) 등이 있습니다. 선생 되신 예수님은 비유를 통해 천국을 자세히 가르쳐 주십니다.

우리는 이 모든 것을 가르쳐야 합니다. 나가서 전도하는 아웃리치out-reach도 중요하지만, 교회 안에서 배우는 인리치in-reach도 역시 중요합니다.[6] 복음은 전도할 때뿐 아니라, 교회교육에서 필수적입니다.

SFC에서 신조로 삼는 웨스트민스터 소교리문답 88문답은 "은혜의 방편"에 대해 이렇게 가르칩니다.

문 88. 그리스도께서 우리에게 구속의 혜택을 전달하시는 외적 방편은 무엇입니까?

답 그리스도께서 우리에게 구속의 혜택을 전달하시는 외적인, 보통의 방편은 그가 정하신 것들인데,[1] 특별히 말씀과 성례와 기도

---

[6] 오스본, 『강해로 푸는 마가복음』, 1200.

입니다.[2] 이 모든 것은 그리스도께서 구원을 위하여 그 택하신 자들에게 효력 있게 하셨습니다.[3]

1) 마 28:19-20; 고전 11:23   2) 막 16:15-16; 고전 11:23-26; 행 1:14; 행 6:4

3) 고전3:6; 행 2:42, 46-47

여기에서 "구속의 혜택을 전달하시는 외적 방편"을 줄여서 "은혜의 방편"이라고 합니다. 하나님께서는 우리에게 은혜를 주실 때, 언제나 어떤 수단을 통하여 주십니다. 그 방편 중에 말씀, 성례, 기도가 들어갑니다. 은혜가 주어지는 가장 큰 수단은 말씀입니다. SFC가 강령이 가르치는 것처럼, "말씀 중심"이어야 하는 이유가 여기에 있습니다. 혼자서 묵상하는 말씀도 중요하지만, 가장 중요한 것은 공예배 때 선포되는 설교입니다. 마가복음은 1장 1절에서 "하나님의 아들 예수 그리스도의 복음의 시작이라"고 하면서, 곧 이어서 세례 요한의 "설교" 사역을 제시합니다. 복음의 시작은 바로 설교라는 의미입니다. 우리는 말씀을 배워야 합니다.

사랑하는 운동원 여러분, 여러분은 하나님의 말씀을 사랑하십니까? 정말 열심히 읽고, 배워야 합니다. 여러분은 성경을 주석하고 해석하는 성경의 해석자가 되셔야 합니다. 이것은 여러분 모두 신학생이 되라는 말은 아닙니다. 우리 모두는 성경을 바르게 이해하는 눈을 길러야 한다는 뜻입니다.

저는 대학 시절에 SFC를 열심히 했습니다. SFC에서 자매를 만나 결혼도 했습니다. 그렇다고 SFC에서 연애만 열심히 한 것은 아닙니다. SFC에서 제가 배운 것 중에 가장 감사한 것은 성경을 보는 눈입니다. 저희 선배들은 방학이 되면 성경 공부 교재를 만들었습니다. 교재 만드는 첫 날은 항상 이렇게 시작되었습니다. "시중에 나와 있는 로마서 성경공부 교재를 다 훑어 봤는데, 맘에 드는 게 하나도 없어. 그래서 우리가 직접 만들어야 돼." 지금 생각해 보면 굉장히 교만한 말인데, 그 당시 어린 제 마음에는 선배들이 하늘처럼 높아보였기에 그분들의 말씀이라면 무조건 순종해야 했습니다. "그렇지. 시중에 나와 있는 로마서 성경공부 교재는 다 필요 없어. 이제 우리가 만들어야 해."

우리는 로마서를 한 장씩 배분하고, 2-3주 시간을 가지고 성경공부 교재를 각자 한 챕터씩 만들어 왔습니다. 그리고 모여서 각자 만들어 온 챕터에 대해서 토론하는 시간을 가졌습니다. 사실 토론이라고 하지만 거의 일방적으로 선배들한테 혼날 때가 많았습니다. 어떤 때는 너무 혼을 내서 물었어요. 왜 그렇게 후배들을 못 살게 구냐고. 그랬더니 이러는 겁니다. "SFC 애들은 교만해서 마구 밟아줘야 해. 그래야지 오직 주님만 찾아." 지금 생각해 보면 정말 어처구니가 없고, 그렇게 말하는 선배가 더 교만한 것이었는데, 아무튼 그렇게 선배한테 야단 맞아가면서 성경 보는 눈을 길렀습니다.

그러나 한 가지 기억할 것이 있습니다. <u>예수님은 가르치되</u>

그냥 머리로 암기하도록 가르치지 말고, 예수님의 그 모든 말씀을 지키도록 가르치라고 하십니다. 마태복음은 선생 되신 예수님께서 말로만 아니라 행동으로 가르치신 것을 분명히 보여 줍니다. 예수님은 논쟁을 통해 가르치십니다. 설교와 설명을 통해 가르치십니다. 대화를 통해 가르치십니다. 예수님은 기적을 통해 가르치십니다. 예수님은 귀신을 쫓으시고 병을 고치심으로 가르치십니다. 예수님은 어린아이들을 환영해 주시고, 가난하고 소외된 사람들의 친구가 되어 주시며 가르치셨습니다. 그리고 마지막으로 예수님은 십자가 죽음과 부활을 통해서 가르치셨습니다.

예수님은 왜 십자가의 길을 가셔야 했습니까? 예수님께서 가르치신 내용들 때문입니다. 예수님께서 가르치신 내용들이 당시의 종교지도자들을 자극했고, 사람들의 반대를 불러일으켰기 때문입니다. 그럼에도 불구하고 예수님은 자신의 가르치심을 포기할 수 없었습니다.

이사야 42장 4절, "그는 쇠하지 아니하며 낙담하지 아니하고 세상에 정의를 세우기에 이르리니 섬들이 그 교훈을 앙망하리라." 예수님은 끝까지 그 교훈을 드러내셨습니다. 그 가르침은 진리였기 때문이며, 그것을 통해서만 구원이 주어지기 때문입니다. 하지만 사람들은 예수님의 가르침을 거부했고, 그것을 거부하기 위해서 예수님을 십자가에 못 박았습니다. 사람들은 그로써 끝난 줄 알았습니다. 하지만 그것은 끝이 아니라 시작이었습니다. 예수님은 십자가에서 죽으신 이후에 사흘 만에 부활하셨습니다. 그리고 자신의 가르치심이 하나도 거짓된 것이 없고 모두 다 진리임을 증명해 주셨습니다.

예수님의 가르침은 마태복음 28장 15절에 나오는 가르침과는 극명하게 대조를 이룹니다. 예수님의 시체가 사라지고 무덤이 빈 사실을 알게 된 대제사장과 백성의 장로들은 그 사실을 은폐하고자 합니다. 그들은 군인들에게 돈을 많이 주면서, 자기들이 잘 때에 예수님의 제자들이 예수님의 시체를 도둑질해 갔다고 말하라고 시킵니다. 자고 있는데 어떻게 훔쳐갔는지 압니까? 그 자체가 말이 안 되는 거짓말이죠. 그리고 그들이 그렇게 거짓말을 하면, 경비를 제대로 못 본 것에 책임지지 않도록 총독에게도 잘 말해 주겠다고 협박 섞인 부탁을 합니다. 이처럼 유대 종교지도자들의 가르침은 돈으로 사람을 매수하고, 거짓말을 퍼뜨리며, 협박을 동반한다는 특징이 있습니다. 이것이 세속적인 사람들의 가르침입니다.

하지만 예수님의 가르침은 근원적으로 다릅니다. 그것은 돈이 아니라 진리 그 자체의 힘으로 사람을 내면에서부터 변화시킵니다. 그것은 거짓이 아니라 참입니다. 그것은 협박이 아니라 부드러운 설득으로 다가갑니다. 무엇보다 예수님의 가르침은 단지 이론적인 가르침이 아니라, 삶 자체를 변화시키는 가르침입니다. 삶으로 생명으로 가르쳐야 한다는 것, 바로 이 부분이 중요합니다. 그렇기에 기독교는 단순히 가르치기만 해서 되는 것이 아니라, 내가 먼저 그렇게 사는 것을 보여줘야 합니다.

기독교가 단지 가르치는 종교라면 열심히 가르치기만 하고 정작 나는 쏙 빠져도 될지도 모릅니다. 하지만 예수님의 명령은 가르쳐 지키게 하라는 것이기 때문에, 내가 먼저 그 말씀에 순종해야 합니다.

예수님의 명령에 따라 가서, 세례 주고, 가르쳐 지키게 하는 분들이 되시기 바랍니다.

예수님의 약속
이제 세 번째로, 예수님께서 유일한 선생이 되시는 이유는 특별한 약속을 주시기 때문입니다.
20절 하반절입니다.

볼지어다 내가 세상 끝날까지 너희와 항상 함께 있으리라 하시니라.

부활하신 예수님께서 주신 제자 삼으라는 명령은 부활하신 예수님이 어떤 분이신가 하는 말씀들 사이에 들어 있습니다. 부활하신 예수님은 하늘과 땅의 모든 권세를 가지신 전능하신 하나님이십니다. 또한 부활하신 예수님은 세상 끝날까지 우리와 항상 함께 계시는 편재하신 하나님이십니다.

여러분, 복음서는 제일 앞의 내용과 제일 마지막의 내용이

짝을 이룹니다. 마태복음도 마찬가지입니다. 마태복음 제일 첫 장인 1장 23절에 이런 말씀이 나옵니다.

보라 처녀가 잉태하여 아들을 낳을 것이요 그의 이름은 임마누엘이라 하리라 하셨으니 이를 번역한즉 하나님이 우리와 함께 계시다 함이라.

"임마누엘, 하나님이 우리와 함께 계시다."라고 합니다. 그런데 오늘 마태복음 제일 마지막 장인 28장에서 주님은 이렇게 약속하십니다. "볼지어다 내가 세상 끝날까지 너희와 항상 함께 있으리라." 헬라어로 보면 좀 더 멋있습니다. "볼지어다. 세상 끝이 될 때까지 모든 날 동안 나는 너희와 함께 있는 자다."라고 번역됩니다.

세상에서 가장 위대한 약속은 동행의 약속이며 임재의 약속입니다. 예수님께서 언제나 어디서나 우리와 함께 계실 수 있습니까? 그분은 우리를 사랑하시는 하나님이시기 때문입니다. 19절에 "아버지와 아들과 성령의 이름으로 세례를 베풀라"고 하십니다. 헬라어로 보면, 아버지, 아들, 성령 앞에 모두 정관사가 붙어 있습니다. 그 아버지, 그 아들, 그 성령입니다. 세 위격이신 하나님을 뜻합니다. 그런데 놀랍게도 "이름"은 "이름들", 복수가 아니라 "이름", 단수로 되어 있습니다. 성부, 성자, 성령

께서 한 분 하나님이심을 말해주는 것입니다.[7]

마태복음 1장 1절에서 마태는 이 책을 "아브라함과 다윗의 자손 예수 그리스도의 계보라"라며 사람들의 이름 가운데 예수님을 넣었습니다. 예수님을 사람의 아들이라고 소개한 겁니다. 그런데 마태복음을 닫는 이 마지막 장에서 마태는 예수님을 하나님의 이름 가운데 넣고 있습니다. 예수님을 성부와 성령과 동일하게 성자라고 부릅니다. 그렇게 해서 마태는 예수님이 단지 인간이실 뿐 아니라, 하나님이시라고 가르칩니다.

사랑하는 여러분, 예수님은 하나님이십니다. 그 하나님께서 우리와 함께 하십니다. 여러분이 어디를 가든지, 무엇을 하든지, 누구를 만나든지, 하늘과 땅의 모든 권세를 지니신 그분, 우리에게 가서 세례를 베풀고 가르쳐 지키게 하라고 명령하신 그분은 여러분과 함께 하십니다. 우리와 함께 하시면서 우리가 그 명령을 지킬 수 있도록 도와주시고, 끝까지 도와주십니다. 우리는 연약합니다. 하지만 주님이 함께 하시면 그분의 명령을 지킬 수 있습니다. 예수님은 임마누엘이십니다. "나는 너희와 함께 있는 자다."라는 것이 예수님의 이름입니다. 예수님은 자신의 이름 한 가운데 우리들을 새겨 넣으셨습니다.

---

[7] 헤르만 바빙크, 『개혁교의학』, 박태현 옮김 (서울: 부흥과개혁사, 2011), 2:335에도 동일한 설명이 나온다.

"선생" 신앙운동

교부 가이사랴의 유세비우스는 예수님께서 갈릴리의 어부들을 불러 제자 삼으신 것을 두고 이렇게 말했습니다.

> 예수님은 인간의 상식을 뛰어넘는 일을 하시기 위해서 그들을 일꾼으로 쓰셨습니다. … 가장 무식하고 평범한 사람들을 주님은 자기 계획의 일꾼으로 쓰시는 것이 옳다고 여기셨습니다. 하나님께서는 도무지 가망 없는 방식으로 일하고자 하셨던 것 같습니다. … 예수님은 그들을 제자로 부르신 다음, 그들 안에 하나님의 능력을 불어넣으셨고, 힘과 용기를 채워 주셨습니다. … 하나님께서는 이러한 능력을 그들에게 주시어 거룩한 일꾼이며 교사로 모든 민족에게 파견하셨고, 그들을 주님 가르침의 선포자로 선언하셨습니다.[8]

사랑하는 여러분, 이런 예수님이라면 믿어볼 수 있지 않겠습니까? 바로 이런 예수님이라면 그분의 명령을 실천하며 살 수 있지 않겠습니까? 바로 이런 예수님이라면 이제 그 예수님을 일평생 가르치면서 살아야 하지 않겠습니까? 학생신앙운동에서 "학생"은 이런 의미입니다. 그렇기에 우리는 예수님께 배우는 "학생"인 동시에 예수님을 가르치는 "선생"이 되어야 합

---

[8] 가이사랴의 유세비우스, 『복음의 논증』 3.7; 토머스 오든, 크리스토퍼 홀, 『마르코 복음서』, 최원오 옮김 (왜관: 분도출판사, 2011), 75-76에서 재인용함.

니다. "학생"신앙운동이 "선생"신앙운동이 되어야 하는 이유가 여기에 있습니다. 바로 그 일을 감당하도록 예수님께서 지금 여러분 앞에, 여러분 뒤에, 여러분과 함께 계십니다. 그 예수님께 나아오시기 바랍니다. 아멘.

2장
그리스도를 믿는 "신앙"

갈 3:14, 21-22; 창 15:6; 시 143:2

갈 3 ¹⁴ 이는 그리스도 예수 안에서 아브라함의 복이 이방인에게 미치게 하고 또 우리로 하여금 믿음으로 말미암아 성령의 약속을 받게 하려 함이라 ²¹ 그러면 율법이 하나님의 약속들과 반대되는 것이냐 결코 그럴 수 없느니라 만일 능히 살게 하는 율법을 주셨더라면 의가 반드시 율법으로 말미암았으리라 ²² 그러나 성경이 모든 것을 죄 아래에 가두었으니 이는 예수 그리스도를 믿음으로 말미암는 약속을 믿는 자들에게 주려 함이라.

창 15 ⁶ 아브람이 여호와를 믿으니 여호와께서 이를 그의 의로 여기시고

시 143 ² 주의 종에게 심판을 행하지 마소서 주의 눈 앞에는 의로운 인생이 하나도 없나이다.

성경은 구원 역사 드라마의 책

좋은 영화일수록 떡밥이 많습니다. 앞에서 나온 떡밥들이 뒤에서 다 회수될 때 사람들은 흥미를 느끼며 이야기 속으로 깊이 빠져듭니다. 물론 어떤 영화는 떡밥도 없는데 사람들이 좋아하기도 합니다. 저는 예전에 『범죄도시』를 봤는데요, '이 영화는 떡밥이 어디 나오나?' 하면서 영화를 봤는데, 떡밥은 거의 없고 마동석의 주먹에 떡이 된 사람들만 나왔습니다. 아무튼 좋은 영화는 떡밥을 많이 던져줍니다.

그런 점에서 성경은 떡밥들의 책입니다. 구약에서 하나님은 떡밥을 많이 던져놓으셨습니다. 신약에서 예수님께서 그 모든 떡밥을 다 회수하고 계시죠.

이것을 다른 말로 말하면 성경은 구원 역사 드라마가 펼쳐지는 언약의 책이라는 뜻입니다. 구원 역사란 죄로 오염된 이 세상을 구원하기 위해서 하나님께서 일하시는 역사를 말합니다. 그런데 하나님은 구원 역사를 이끄시면서 질서 있게 행동하십니다. 그래서 시대마다 언약을 베푸시고 그 언약에 따라 일하십니다.

우리는 성경 읽기를 배워야 합니다. 그중에 가장 중요한 것이 구약에서 뿌려진 떡밥들이 신약에서 어떻게 회수되고 있는가 하는 관점에서 성경을 읽는 것입니다. 이것이 바로 "떡밥 성경 해석법"입니다. 구약이 약속이라면, 신약은 성취입니다. 구약이 그림자라면, 신약은 실체입니다. 구약이 오실 그리스도에 대한 책이라면, 신약은 오신 그리스도에 대한 책입니다. 신약 성경 기록자들은 구약에서 뿌려진 떡밥들이 예수 그리스도 안에서 어떻게 회수되고 있는지를 계속해서 설명했습니다. 하지만 지면 관계상 전부 다 설명한 것은 아닙니다. 우리는 신약 성경의 기록자들의 정신을 이어받아서 구약의 떡밥들을 계속해서 회수해 가야 합니다. 그것이 성경 읽기며, 그리스도인으로서 인생을 살아가는 재미입니다.

갈라디아서의 배경

갈라디아서 3장에서 바울은 구약에서 뿌려진 떡밥들이 예수 그리스도 안에서 어떻게 회수되고 있는지를 잘 보여줍니다. 그러면서 그는 "믿음"의 의미를 너무나도 잘 보여주고 있습니다.

갈라디아서는 아주 독특한 상황에서 기록되었습니다. 1절을 보세요. "어리석도다 갈라디아 사람들아!"라고 시작합니다. 바울은 크게 분노하고 있습니다. 왜 그럴까요? 바울이 갈라디아 지역을 선교하고 난 다음에 "교란케 하는 자들"(1:7) 혹은 "거짓 형제들"(갈 2:4)이 갈라디아 교회에 들어와서 복음이 아닌 다른 것을 전파했기 때문입니다.

만일 여러분이 힘써 이뤄놓은 결과를 누군가가 망친다면 어떻게 하겠습니까? 가령, 여러 해 전 뉴스에는 나온 얘기인데, 1등으로 달리고 있던 마라톤 선수가 괴한에 의해서 넘어져 경기를 못하게 된 적이 있었습니다. 여러분, 그 선수의 입장에서 한번 생각해 보세요. 너무나 답답하고 분통이 터질 것입니다. 바울이 갈라디아서를 쓰고 있을 때 바로 그런 심정이었습니다.

"교란케 하는 자들", "거짓 형제들"의 주장은 "예수님을 믿는다 하더라도 유대교식으로 율법을 지키지 않으면 구원을 받을 수 없다."는 것이었습니다. 그들은 예수님을 믿는다 해도 할례를 받고, 안식일 법을 지키고, 율법을 다 지켜야만 구원을 받을 수 있다고 주장했습니다. 그들을 유대화주의자 혹은 줄여서 유대주의자라고 부를 수 있습니다. 기독교인을 유대인처럼 만들려고 하는 사람들입니다. 하지만 바울은 그런 주장은 갈라디아 사람들을 꾀는 주장이라고 반박합니다. 그것은 참된 믿음의 본질을 훼손시키는 잘못된 견해입니다. 그렇다면 참된 믿음의 본질은 무엇일까요?

아브라함의 자손

첫째로, 참된 믿음 본질은 아브라함의 자손이 되는 것입니다.

하나님은 구원 역사 드라마를 진행하시면서 언약을 통해 그 길을 인도하십니다.

언약이란 무엇입니까? 언약이란 하나님께서 믿는 자와 그들의 자녀들에게 약속과 사명을 주시기 위해서 주권적으로 그리고 은혜로 세우신 연합과 교제의 결합입니다.

성경에는 크게 7개의 언약이 나옵니다. 아담 언약(창 1-2장), 노아 언약(창 9), 아브라함 언약(창 12, 15), 모세 언약(출 20), 다윗 언약(삼하 7), 선지자들에게 주신 언약 약속들(렘 31:31-33; 겔 36:22-32), 그리스도 안에서 새 언약(눅 22:20; 고전 11:25; 고후 3:6; 히 8:8, 13, 9:15, 12:24)이 그것입니다. 특히 구약에 나오는 언약들 가운데 믿음의 의미를 가장 잘 보여주는 언약은 아브라함 언약입니다.

창세기 12장 1-3절을 보시면, 하나님께서는 아브라함에게 다섯 가지 약속을 주셨습니다.

> [1] 여호와께서 아브람에게 이르시되 너는 너의 고향과 친척과 아버지의 집을 떠나 내가 네게 보여 줄 땅으로 가라 [2] 내가 너로 큰 민족을 이루고 네게 복을 주어 네 이름을 창대하게 하리니 너는 복이 될지라 [3] 너를 축복하는 자에게는 내가 복을 내리고 너를 저주하는 자에게는 내가 저주하리니 땅의 모든 족속이 너로 말미암아 복을 얻을 것이라 하신지라.

<u>여기 보시면 다섯 가지 약속이 나옵니다. 땅, 자손, 명성, 관계, 복의 근원입니다.</u> 하나님께서는 아브라함에게 땅을 주실 것입니다. 고대 사회에서 땅은 삶의 기본 터전입니다. 지금 아브

라함은 고향을 떠나서 땅이 없지만 하나님께서 그에게 땅을 약속하십니다. 또한 하나님께서는 아브라함에게 자손을 주실 것입니다. 지금 아브라함은 자손이 하나도 없지만 하나님께서는 자손을 주시겠다고 약속하십니다. 그리고 하나님께서는 그에게 명성을 주십니다. 고대 사회에서 명성이 있는 사람은 왕입니다. 하나님께서는 아브라함이 왕과 같은 사람이 되게 해 주실 것입니다. 하나님과 아브라함은 친구 관계가 될 것입니다. 아브라함에게 축복하는 자들(복수)에게는 복을 내리고, 그를 저주하는 자(단수)에게는 저주를 내릴 것입니다. 그만큼 하나님과 아브라함은 깊은 친구 관계가 될 것입니다. 그리고 제일 마지막 약속이 제일 중요한데, 땅의 모든 족속이 아브라함으로 말미암아 복을 얻게 될 것이라는 약속입니다. 이것은 아브라함이 복의 근원이 되리라는 약속입니다.

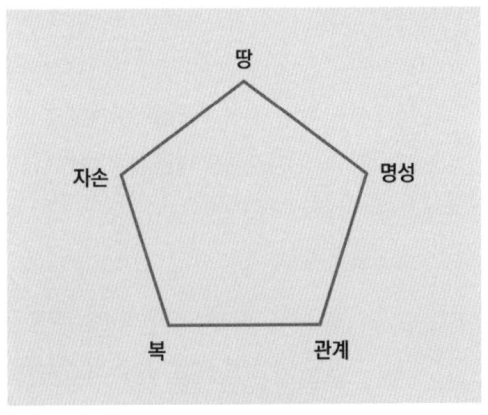

아브라함의 오각형
The Abrahamic Pentagon

땅, 자손, 명성, 관계, 복의 근원이 되는 약속, 저는 이것을 "아브라함의 오각형"The Abrahamic Pentagon이라고 부릅니다.[9] 아브라함의 오각형은 너무나도 중요합니다. 구약 성경은 이 아브라함의 오각형 안에서 움직인다고 해도 과언이 아닙니다.

왜 하나님께서는 아브라함에게 이러한 약속을 주셨을까요? 그것은 죄로 망가진 이 세상을 구원하기 위해서입니다. 아담과 하와가 타락했을 때, 하나님께서는 즉시로 개입하셔서 인간에 대한 구원을 시작하셨습니다. 하나님은 인간을 하나님의 형상대로 지으시고, 그들에게 복 주시고, 약속을 주셨지만, 인간들은 하나님을 배반하였고, 스스로 하나님이 되려고 했습니다. 하지만 하나님은 그들을 포기하지 않으셨습니다. 왜냐하면 그들을 사랑하셨기 때문입니다. 인간은 죄를 지었지만, 하나님은 여전히 인간을 포기하지 않으신다는 것이 복음이며, 그것이 성경의 핵심 메시지입니다.

창세기 11장까지 하나님은 전체 인류를 대상으로 구원 사역을 지속하셨습니다. 하지만 인간들은 모일수록 더욱 큰 악을 행했습니다. 그래서 하나님께서는 인간을 구원하기 위해 새로운 일을 시작하셨습니다. 그것은 한 사람을 구원하시고, 그를 통해서 한 민족을 구원하시고, 그 민족을 통해서 모든 민족을 구

---

9 우병훈, 『룻기, 상실에서 채움으로』(서울: 좋은씨앗, 2020), 43-45를 보라.

원하시려는 계획입니다. 하나님은 온 세상을 죄로부터 구원하시려는 뜻을 여전히 지속하셨습니다. 하지만 창세기 11장까지 하나님은 온 인류를 대상으로 사역하시다가, 창세기 12장부터는 한 사람으로부터 시작하셨습니다. 여기에 하나의 중요한 구조가 나오는데, 바로 "리본 구조"입니다.

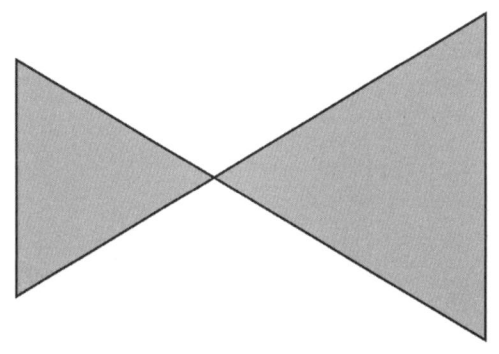

구원 역사의 리본 구조

하나님은 창세기 11장까지 온 인류를 대상으로 구원 역사를 펼치셨습니다. 그런데 이제 아브라함 한 사람으로부터 시작해서 구원 역사 드라마를 새롭게 시작하십니다. 아우구스티누스는 하나님께서 이렇게 일하시는 것을 가리켜서 "일은 바꾸시되 뜻은 바꾸지 않으시는 하나님"이라고 표현했습니다(『고백록』, 1.4.4).

그런데 왜 하필이면 하나님은 아브라함을 택하셨을까요? 제가 한번은 어떤 교회 청년부에 가서 로마서를 설교했는데, 로마서 4장을 설명하면서 아브라함 얘기를 했습니다. 그런데 찬양팀장인 어떤 형제가 저에게 질문을 하는 거예요. "교수님, 왜 하나님께서는 그렇게 많은 사람들 가운데 아브라함을 택하셨을까요?" 당장에 답이 떠오르지 않았습니다. 그런데 그 다음 주에도 그 교회에서 설교를 하기로 되어 있었기에, 한 주 동안 알아보고 와서 알려주겠다고 했습니다. 열심히 책을 찾았는데, 헤르만 바빙크가 쓴 『개혁교의학』을 읽으면서 생각하다가 놀라운 사실을 깨닫게 되었습니다. "하나님께서 아브라함을 택하신 이유는 그가 믿음의 조상이 될 만한 어떤 자격도 갖추지 못했기 때문이구나! 하나님께서 아브라함을 택하신 이유는 인간이 하나님을 찾지 않고, 하나님께서 인간을 찾아오신다는 것을 보여주시기 위해서구나!"[10]

저는 "역시 바빙크야!"라고 무릎을 탁 쳤습니다. 여러분, 바빙크를 읽으시기 바랍니다. 바빙크는 여러분의 시간을 많이 아껴줍니다. 바빙크를 읽으면 그 안에 신앙에 대해 궁금한 거의

---

10 헤르만 바빙크, 『개혁교의학』, 박태현 옮김 (서울: 부흥과개혁사, 2011), 3:268-269 (#348)을 참조하라.

모든 문제를 다 다뤄주기 때문입니다. [11]

다시 오늘 본문으로 돌아갑시다. 본문의 핵심 주제는 유대주의자들의 문제라고 했습니다. 그들은 예수님을 믿어도 유대인처럼 율법을 지켜야 구원을 받는다고 주장했습니다. 이에 대해서 사도 바울은 강하게 반대합니다. 바울은 구원은 율법을 지킴으로 주어지는 것이 아니라, 믿음으로 주어진다고 주장합니다. 그것을 증명하기 위해 아브라함을 소환한 것입니다.

본문 6절을 보면 사도 바울이 구약의 떡밥을 어떻게 찾아냈는지 잘 볼 수 있습니다.

⁶ 아브라함이 하나님을 믿으매 그것을 그에게 의로 정하셨다 함과 같으니라.

이 말씀은 창세기 15장 6절 말씀의 인용입니다. 거기에서 "아브람이 여호와를 믿으니 여호와께서 이를 그의 의로 여기시고"라고 했습니다.

---

11 바빙크를 읽을 계획이라면 아래 순서대로 읽으면 좋을 것이다. 헤르만 바빙크, 『찬송의 제사』, 박재은 옮김 (군포: 다함, 2020); 헤르만 바빙크, 『기독교 신앙 안내서』, 박하림 옮김 (군포: 다함, 2024); 헤르만 바빙크, 『개혁교의학』, 전4권, 박태현 옮김 (서울: 부흥과개혁사, 2011).

바울의 가르침은 아브라함 때부터 이미 의롭게 되는 일은, 구원 받는 일은, 믿음으로 되는 일이었다는 것입니다. 그런데 7절을 보시면 바울은 여기에서 한 걸음 더 나아갑니다.

그런즉 믿음으로 말미암은 자들은 아브라함의 자손인 줄 알지어다.

아브라함이 믿음으로 의롭게 되었으니, 우리도 믿음으로 의롭게 된다는 가르침을 넘어서, 믿음으로 의롭게 된 사람들은 아브라함의 자손이 된다는 것입니다. 아니, 우리는 한국 사람이고 유대인도 아닌데, 어떻게 아브라함의 자손이 된단 말입니까? 이것이 바로 언약의 원리입니다.

한번은 당시 초등학생이었던 저희 집 아이가 학교를 마치고 와서 저에게 물었습니다.

"아빠, 오늘 학교에서 성씨를 배웠는데 우리가 정말 아담의 자손 맞아요?"

"그럼, 맞지."

"그런데 왜 아담은 '아'씨고, 우리는 '우'씨예요?"

정말 난감한 질문이었습니다. 그럴 때 저는 피해가는 방법이 있습니다. "엄마한테 물어봐라." 아내가 있다는 것이 이렇게 좋습니다.

우리 모든 사람이 아담의 후손인 것은 혈통적으로 그렇게 된 것이기도 하지만 더 중요하게는 아담과 맺으신 언약 안에 우리 모든 사람이 들어 있기 때문입니다. 우리 모든 사람이 아브라함의 자손이 되는 것 역시 아브라함과 맺으신 언약 안에 우리 모든 신자들이 들어 있기 때문입니다.

아브라함은 믿음의 원리를 그 인생 가운데 경험하고 드러낸 사람입니다. 하나님은 도대체 믿음이란 것이 무엇인지를 아브라함의 생애를 통해서 보여주고자 하셨습니다. 그렇다면 아브라함이 보여준 믿음의 핵심 원리는 무엇일까요? 그것은 율법을 지킴으로써가 아니라 하나님을 믿음으로 구원을 받는다는 원리입니다. 그리고 그 믿음을 가진 사람은 하나님께서 아브라함에게 주신 다섯 가지 약속 안으로 들어가게 된다는 원리입니다.

그래서 바울은 본문 8절에서 하나님께서 아브라함에게 "복음을 먼저 전했다"고 표현합니다.

> 8 또 하나님이 이방을 믿음으로 말미암아 의로 정하실 것을 성경이 미리 알고 먼저 아브라함에게 복음을 전하되 모든 이방인이 너로 말미암아 복을 받으리라 하였느니라.

사도 바울은 아브라함이 예수님이 오시기 전에 벌써 복음을 들었다고 말합니다. 그 복음의 내용은 모든 이방인이 아브라함처럼 믿음으로 말미암아 의롭게 된다는 원리입니다. 이처

럼 아브라함은 구약에서 이신칭의의 복음을 가장 선명하게 경험한 사람이 됩니다.[12]

그래서 결론적으로 바울은 9절에서 이렇게 말씀합니다. "그러므로 믿음으로 말미암은 자는 믿음이 있는 아브라함과 함께 복을 받느니라."

사랑하는 여러분, 여러분은 하나님을 믿습니까? 그렇다면 여러분은 아브라함의 복에 참여한 사람이 됩니다. 우리는 믿음으로 아브라함의 자손이 되어, 이 세상을 죄로부터 고치시는 일에 함께 동역하게 되었습니다. 바로 이것이 믿는다는 의미입니다. 믿음은 단지 예수 믿고 천당 간다는 정도가 아닙니다. 믿음은 아브라함의 자손이 되어, 하나님께서 아브라함에게 주셨던 열방을 향한 비전에 참여하는 일입니다.

---

12 칭의론에 대해서는 아래 책을 보라. 토마스 슈라이너, 『칭의』, 김명일 옮김 (부산: 깃드는숲, 2024).

그리스도와 연합

이제 둘째로, 참된 믿음 본질은 그리스도와 연합하는 것입니다.

바울은 10절부터 또 다른 주제를 하나 꺼냅니다. 그것은 바로 율법의 문제입니다. 사도 바울은 앞에서 인간의 어떤 행위가 아니라 믿음으로 의롭게 된다는 사실을 아브라함을 통해서 설명했습니다. 그것을 바울은 다른 각도에서 한 번 더 설명합니다. 10절을 보십시오.

무릇 율법 행위에 속한 자들은 저주 아래에 있나니 기록된 바 누구든지 율법 책에 기록된 대로 모든 일을 항상 행하지 아니하는 자는 저주 아래에 있는 자라 하였음이라.

유대인들은 율법을 착실히 행하면 의롭게 된다는 생각을 가졌습니다. 저는 이것을 "마일리지 구원론"이라 부릅니다.

여러분 비행기 마일리지 아시지요? 비행기를 많이 타면 마일리지가 쌓입니다. 마일리지가 많이 쌓이면 비행기를 공짜로 탈 수도 있지만, 회원등급이 높아지기도 합니다. 제가 예전에 마일리지가 많이 쌓여서 항공사에서 회원등급을 올려준 적이 있습니다. 회원등급이 올라가니까 너무 좋더군요. 비행기 탈 때에 줄을 설 필요가 없습니다. 프레스티지 라인으로 바로 들어가니까요. 무료로 실을 수 있는 짐의 무게도 두 배로 늘어납니다. 공항 라운지도 세 번까지 무료로 이용할 수 있습니다. 저는 그런 세계가 있다는 것을 처음 알았습니다. 그러다가 비행기를 별로 안 타서 등급이 하향조정 되었습니다. 그때의 느꼈던 박탈감과 상실감은 이루 말할 수 없었습니다.

유대인들은 율법을 착실하게 행하면, 그 결과 구원이 주어진다는 마일리지 구원론을 가졌습니다. 그런 맥락에서, 갈라디아서 3장 10절은 유대인들에게 굉장히 충격적인 말씀입니다. 율법을 지켜서 구원 받으려는 유대인들은 오히려 저주 아래 놓이게 된다는 의미이기 때문입니다. 바울은 마일리지를 쌓아서 구원 받으려는 시도가 아예 불가능하다고 가르칩니다.

여러분, 이것이 "올바른 성경 해석의 힘"입니다. 아무리 많은 유대인들이 율법을 지킴으로 구원을 받는다고 생각하며 살지라도, 바울은 눈 하나 깜짝하지 않습니다. 왜냐하면 율법 안에 이미 율법을 다 지켜서 구원 얻는 것은 불가능하다는 것을 명시해 놓았기 때문입니다.

1521년 독일 보름스라는 도시에서 회의가 열렸습니다. 당시 신성로마제국의 황제 카를 5세는 38세의 루터를 소환하여 여러 제후들과 주교와 신학자들 앞에서 그를 심문했습니다. 자신의 글을 취소하라고 했을 때 루터는 이렇게 말했습니다.

> 저는 저에게 주어진 성경에 굴복하며, 양심은 하나님의 말씀 안에 사로잡혀 있기에, 그 어떤 것도 철회할 수 없으며 그렇게 하고 싶

지도 않습니다. 양심에 반하여 행동하는 것은 안전하지도 건전하지도 않기 때문입니다. 저는 달리 행할 수 없습니다. 제가 여기 서 있습니다. 하나님 저를 도와주소서. 아멘. [13]

어떻게 이러한 용기가 나올 수 있었을까요? 그가 하나님의 말씀에 사로잡혀 있었기 때문입니다.

우리는 성경 해석을 배워야 합니다. 저는 여러분 모두가 올바른 성경 해석자가 되기를 소망합니다. 성경을 바르게 해석하는 사람은 아무리 많은 사람들이 옳다고 해도 그것이 아니라고 말할 수 있는 용기를 갖게 됩니다. 그리고 사람들을 진정 옳은 길로 인도할 수 있게 됩니다.

---

13 "저는 달리 행할 수 없습니다. 제가 여기 서 있습니다."라는 유명한 말은 루터가 실제로 했던 말은 아니라고 많은 역사가들이 주장한다. 그런데 심지어 바이마르 판에도 그대로 들어 있는 것으로 보아 상당히 오래된 전승에 근거한 표현이라 주장하는 이들도 있다. LW 32:113n8에 인용된 *Deutsche Reichstagsakten*, Vol. II: Deutsche Reichstagsakten unter Kaiser Karl V (Gotha, 1896), 587; WA 7,838,4-9; LW 32:112-13; Roland Bainton, *Here I Stand: A Life of Martin Luther* (Nashville: Abingdon, 1950), 185; 헤르만 셀더하위스, 『루터, 루터를 말하다』, 신호섭 역(서울: 세움북스, 2016), 253; 우병훈, 『처음 만나는 루터』(서울: IVP, 2017), 273n1 등을 참조하라. 위에서 LW는 영역본 루터 전집(Luther's Works)이며, WA는 바이마르 편집본 루터 전집(*D. Martin Luthers Werke: Kritische Gesammtaugabe, Weimar Ausgabe* [Weimar: H. Bohlau, 1883-])이다.

바울은 지금 유대인들의 구약 해석에 있어서 심각한 문제를 지적하고 있습니다. 그들이 모두 놓친 것은 율법을 지킴으로 의롭게 되려고 한다면, 모든 율법을 항상 지켜야 하는데, 아무도 그럴 수 없다는 사실입니다.

12절에서 말하듯이, 율법을 행하는 사람은 율법을 통해서 살아야 합니다. 하지만 율법을 다 지켜서 구원 받는 사람은 아무도 없습니다. 그렇다면 유대인들에게든, 이방인들에게든, 주어진 길은 단 하나입니다. 그것은 바로 예수 그리스도를 믿음으로 구원 받는 것입니다. 율법이 스스로 말하는 것이 바로 율법으로 구원을 받을 수는 없다는 사실입니다.

그렇다면 왜 율법을 주셨나요? 22절에 그 내용이 나옵니다.

그러나 성경이 모든 것을 죄 아래에 가두었으니 이는 예수 그리스도를 믿음으로 말미암는 약속을 믿는 자들에게 주려 함이라.

바울은 단순히 하나님을 믿으면 구원 받을 수 있다고 말하지 않고, 예수님을 믿어야 구원 받을 수 있다고 말합니다. 그 이유가 13절에 나와 있습니다.

그리스도께서 우리를 위하여 저주를 받은 바 되사 율법의 저주에서 우리를 속량하셨으니 기록된 바 나무에 달린 자마다 저주 아래에 있는 자라 하였음이라.

우리는 율법의 정죄를 받아 죽어 마땅한 자들입니다. 시편 143편 2절도 그렇게 말씀합니다.

주의 종에게 심판을 행하지 마소서 주의 눈 앞에는 의로운 인생이 하나도 없나이다.

하지만 예수님께서 우리를 대신하여 율법의 저주를 받으셨습니다. 그렇기 때문에 예수님을 믿으면 우리는 살아날 수 있습니다. 여기에서 우리는 믿음의 또 다른 의미를 알게 됩니다. 그것은 예수님을 믿는다는 것은 예수님과 연합한다는 의미입니다.

사람들이 기독교를 비판하는 세 가지 이유가 있습니다. 첫째는 예수님을 믿기만 하면 구원을 받는다고 가르치기 때문입니다. 왜 인간 편에서 노력도 하지 않고, 믿기만 하면 구원받는다고 하냐는 것입니다. 둘째는 예수님만 믿어야 구원받는다고 가르치기 때문입니다. 왜 다른 구원자는 안되고, 예수님만이 구원자라고 말하냐는 것입니다. 셋째는 예수님 믿고 나서는 선하게 살아야 한다고 가르치기 때문입니다. 아니 앞에서는 예수님을 믿기만 하면 구원받는다고 해놓고서는, 왜 이제 와서는 믿고 나서는 선하게 살라고 말하냐는 것입니다. 그런데 이 세 가지 비판은 모두 한 가지 사실을 모르고 있어서 나오는 비판입니다. 그 한 가지 사실은 "예수님을 믿으면 예수님과 연합된다"는 사실입니다. 믿기만 하면 구원받는 이유는 믿음을 통해서 예수님과 연합되기 때문입니다. 예수님만 믿어야 구원받는 이유는 예수님만이 그러한 연합을 우리에게 주시기 때문입니다. 믿고 나서 선하게 살아야 하는 이유는 우리가 예수님과 연합했기 때문입니다.

이 연합이 얼마나 강했던지 바울은 갈라디아서 2장 20절에서 이렇게 말합니다.

> 내가 그리스도와 함께 십자가에 못 박혔나니 그런즉 이제는 내가 사는 것이 아니요 오직 내 안에 그리스도께서 사시는 것이라 이제 내가 육체 가운데 사는 것은 나를 사랑하사 나를 위하여 자기 자신을 버리신 하나님의 아들을 믿는 믿음 안에서 사는 것이라.

오늘 본문인 3장 27절에서는 이렇게 말합니다.

> 누구든지 그리스도와 합하기 위하여 세례를 받은 자는 그리스도로 옷 입었느니라.

고대 사회에서 옷이라는 것은 그 사람의 정체성을 뜻합니다. 요즘도 우리는 옷 입는 것이 그 사람의 스타일을 보여줍니다. 하지만 고대 사회에서 옷은 그 사람의 사회적 신분, 직업, 가문 등을 보여주는 것이었습니다. 우리가 예수님을 믿으면 그리스도라는 옷을 입게 됩니다. 이제 하나님은 우리를 보실 때 우리 자체가 아니라, 예수 그리스도를 통과해서 우리를 보십니다. 이제 우리는 예수 그리스도의 의의 옷을 입었습니다.

19절에 율법은 범법함으로 더하여진 것이라고 합니다. 율법은 죄를 지적하기 위해서 주신 것입니다. 율법이 없다면 사람들은 자기가 잘난 줄 알고, 잘 살고 있는 줄 알고, 착각하면서 하나님을 찾지 않을 것입니다. 하지만 하나님께서 주신 율법이라는 거울에 비춰보면 자신이 죄인인 것을 알게 됩니다. 20절을 보십시오.

> 그러나 성경이 모든 것을 죄 아래에 가두었으니 이는 예수 그리스도를 믿음으로 말미암는 약속을 믿는 자들에게 주려 함이라.

율법이 주어져서 우리 모든 사람이 죄인이라는 사실을 알려주신 이유는 예수 그리스도를 믿음으로써 구원을 얻도록 하신 것입니다.

바울은 이러한 원리가 이미 아브라함 때 확립되었다고 설명합니다. 16절을 보세요.

> 이 약속들은 아브라함과 그 자손에게 말씀하신 것인데 여럿을 가리켜 그 자손들이라 하지 아니하시고 오직 한 사람을 가리켜 네 자손이라 하셨으니 곧 그리스도라.

이 말씀은 창세기 13:15, 17:7-8, 22:18 등에 나오는 "너와 네 자손", "너와 네 후손", "네 씨"라는 표현에서 "자손, 후손, 씨"가 모두 단수로 표현한 것을 가지고 사도 바울이 주석을 하고 있는 것입니다. 왜 복수가 아니고 단수인가 할 때, 바울의 설명은 하나님께서 단 한 사람 즉, "예수 그리스도"를 뜻하셨기 때문이라는 것입니다.

여기에서 바울은 구원 역사 전체가 하나의 "리본 구조"라고 말하고 있습니다. 구약의 여러 직분과 인물, 사건과 기물들이 예수 그리스도 안에서 하나로 모아지고, 그와 연합한 사람들이 그리스도로부터 뻗어나가서 하나님의 구원 사역에 동참하게 된다는 원리입니다.

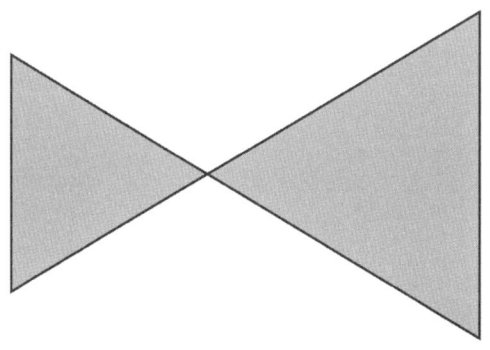

구원 역사의 리본 구조

구약에서 가르치는 직분은 모든 이스라엘 사람들에게 주어진 것입니다(신 6:4-9). 그런데 시간이 지나면서 결국 참된 선생은 예수님밖에 없다는 것을 알게 됐습니다. 그리고 이제 예수님으로부터 시작해서 많은 선생들이 나타나 제자 삼는 일을 하게 됩니다. 이것이 "리본 구조"입니다. 특히 리본의 오른쪽이 더 크다는 것은 구약보다 신약의 은혜가 더욱 크다는 것을 보여줍니다.

다시 말해서 아브라함에게 주신 다섯 가지 복이 아브라함의 단 한 사람의 후손인 예수 그리스도 안에서 성취되는데, 예수님을 믿는 사람은 이제 예수님과 연합하여 아브라함에게 주어진 다섯 가지 약속의 성취를 온전히 누리게 된다는 뜻입니다.

하지만 예수님은 아브라함의 오각형을 성취하시기 위해서 먼저 그 다섯 가지 약속을 모두 상실한 분이 되셔야 했습니다. 오각형이 아니라 하나의 점처럼 되셔야 했습니다.

이사야 53장은 그 사실을 너무나도 생생하게 그려줍니다.

1) 그리스도는 한 치의 땅도 없으셨습니다. 오히려 땅에서 끊어졌습니다.
사 53:8 그는 곤욕과 심문을 당하고 끌려 갔으나 그 세대 중에 누가 생각하기를 그가 살아 있는 자들의 땅에서 끊어짐은 마땅히 형벌 받을 내 백성의 허물 때문이라 하였으리요

2) 그리스도는 영적 자손들인 제자들과 신자들도 다 주님을 떠나버렸습니다.

사 53:3 그는 멸시를 받아 사람들에게 버림 받았으며 간고를 많이 겪었으며 질고를 아는 자라 마치 사람들이 그에게서 얼굴을 가리는 것 같이 멸시를 당하였고 우리도 그를 귀히 여기지 아니하였도다

3) 그리스도는 명성은 고사하고, 멸시를 당하셨습니다.

사 53:2 그는 주 앞에서 자라나기를 연한 순 같고 마른 땅에서 나온 뿌리 같아서 고운 모양도 없고 풍채도 없은즉 우리가 보기에 흠모할 만한 아름다운 것이 없도다.

4) 그리스도는 하나님과의 관계가 단절되었습니다.

사 53:10 여호와께서 그에게 상함을 받게 하시기를 원하사 질고를 당하게 하셨은즉 …

5) 그리스도는 복의 근원이 되기보다 저주의 죽음을 죽게 되었습니다.

사 53:6 우리는 다 양 같아서 그릇 행하여 각기 제 길로 갔거늘 여호와께서는 우리 모두의 죄악을 그에게 담당시키셨도다

예수님은 열방의 복이 되기 위하여 열방의 저주가 되셨습니다. 하지만 예수 그리스도께서 그렇게 아브라함의 언약에서 완

전히 배제되심으로 그 언약의 성취자가 되셨습니다.

아브라함의 오각형이 예수 그리스도 안에서 성취됨을 보십시오.

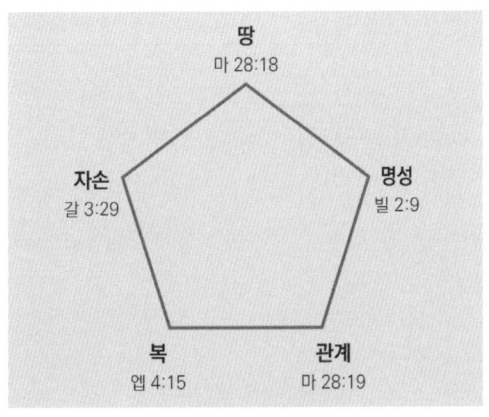

예수님의 오각형
The Jesus Pentagon

땅
마 28:18 예수께서 나아와 말씀하여 이르시되 하늘과 땅의 모든 권세를 내게 주셨으니
예수님의 통치 영역은 온 세상입니다.

자손
갈 3:29 너희가 그리스도의 것이면 곧 아브라함의 자손이요 약속대로 유업을 이을 자니라.
예수님을 믿는 모든 사람이 아브라함의 자손이요, 하나님의 자녀입니다.

명성
빌 2:9 이러므로 하나님이 그를 지극히 높여 모든 이름 위에 뛰어난 이름을 주사
예수님의 이름이 가장 높습니다.

관계
엡 4:15 오직 사랑 안에서 참된 것을 하여 범사에 그에게까지 자랄지라 그는 머리니 곧 그리스도라.
예수님과 우리는 머리와 몸의 관계입니다.

복의 근원
마 28:19 그러므로 너희는 가서 모든 민족을 제자로 삼아 아버지와 아들과 성령의 이름으로 세례를 베풀고
예수님을 통해 모든 민족이 구원 받습니다.

이뿐만 아니라 이제 우리는 믿음 가운데 예수 그리스도와 연합함으로써, 아브라함의 오각형에 예수님과 함께 참예하게 됩니다. 이처럼 믿음은 시작부터 끝까지 예수님과 연합하는 것입니다.

성령의 약속

셋째로, 참된 믿음의 본질은 성령의 약속을 받는 것입니다. 바울은 갈라디아서 3장 5절에서 하나님을 "성령을 주시고 우리 가운데 능력으로 행하시는 분"으로 소개했습니다. 또한 14절에서 이렇게 말씀합니다.

> 이는 그리스도 예수 안에서 아브라함의 복이 이방인에게 미치게 하고 또 우리로 하여금 믿음으로 말미암아 성령의 약속을 받게 하려 함이라.

이 말씀의 순서를 시간적으로 구성해 보면 이렇습니다.

1) 하나님께서 아브라함을 부르셔서 다섯 가지 약속을 주셨습니다. 땅, 자손, 명성, 관계, 복의 근원이 되는 약속입니다. 이것이 아브라함의 복입니다.

2) 아브라함은 그 복을 율법의 행위가 아니라 믿음으로 받게 되었습니다.

3) 예수님을 믿는 사람은 아브라함의 복에 참여하게 됩니다.

4) 성령님은 바로 이러한 일이 성취되었다는 것을 보여주

는 보증이십니다.

이처럼 성령님은 하나님의 모든 사역의 마지막 마무리를 멋지게 장식하는 분입니다. 그래서 17세기 영국의 교회 개혁자들이었던 청교도는 성령님을 "하나님의 마지막 손"이라고 불렀습니다.

우리가 성령 하나님에 대해 묵상할 때 해야 할 가장 중요한 질문은 "성령님과 예수님의 관계는 과연 무엇인가?"입니다. 성령에 대해 사람들이 주로 관심을 가지는 것은 성령의 은사가 무엇이냐 하는 것입니다. 방언이나 예언, 병 고치는 은사에 대해 궁금해 합니다. 그런 질문도 중요하지만, 가장 중요한 질문은 아닙니다.

성령님의 가장 중요한 사역은 예수 그리스도와 함께 하시는 사역입니다. 예수 그리스도의 전 생애에서 성령님은 너무나도 중요한 역할을 하셨습니다. 예수님의 잉태는 성령으로 된 것입니다(마 1:18). 또한, 예수님은 공생애를 시작하실 때 제일 먼저 성령이 임하셨습니다. 마태복음 3장 16절입니다.

> 예수께서 세례를 받으시고 곧 물에서 올라오실새 하늘이 열리고 하나님의 성령이 비둘기 같이 내려 자기 위에 임하심을 보시더니

하나님의 성령이 위에서 임하신 사건은 창세기 1장 2절을

떠올리게 합니다. 창조 때 온 세상을 지으신 성령님은, 이제 예수 그리스도 위에 임하셔서 세상을 새롭게 창조하십니다.

예수님은 광야 시험도 성령을 통해 감당하셨습니다. 마태복음 4장 1절입니다.

> 그 때에 예수께서 <u>성령에게 이끌리어</u> 마귀에게 시험을 받으러 광야로 가사

성령님께서 예수님이 시험 받으신 광야 자리에 함께 동행하시고 그 시험을 이기게 하셨습니다.

예수님의 지상 사역도 마찬가지입니다. 누가복음 4장 18-19절을 보세요.

> [18] <u>주의 성령이 내게 임하셨으니</u> 이는 가난한 자에게 복음을 전하게 하시려고 내게 기름을 부으시고 나를 보내사 포로된 자에게 자유를, 눈먼 자에게 다시 보게 함을 전파하며 눌린 자를 자유케 하고 [19] 주의 은혜의 해를 전파하게 하려 하심이라 하였더라.

예수님의 십자가와 부활에서도 마찬가지였습니다. 히브리서 9:14에서는 이렇게 가르칩니다.

¹⁴ 하물며 영원하신 성령으로 말미암아 흠 없는 자기를 하나님께 드린 그리스도의 피가 어찌 너희 양심으로 죽은 행실에서 깨끗하게 하고 살아계신 하나님을 섬기게 못하겠느뇨

십자가 사역 역시 성령님께서 함께 하셔서 이뤄진 사역입니다.

사도 바울은 로마서 1장 4절에서 예수님의 부활 역시 성령을 통해서 된 것이라고 가르칩니다.

성결의 영으로는 죽은 자들 가운데서 부활하사 능력으로 하나님의 아들로 선포되셨으니 곧 우리 주 예수 그리스도시니라

왜 성경은 탄생부터 부활까지 예수님의 모든 사역들이 성령을 통해 이뤄졌다는 것을 강조하고 있습니까? 예수님은 하나님이시고, 예수님 혼자 이 모든 사역들을 하실 수 있잖아요? 그런데 왜 성경은 성령님께서 그 모든 사역을 행하신 것으로 기록하고 있을까요? 두 가지 이유가 있어요. 하나는 삼위일체 하나님이시기 때문에 예수님의 사역은 또한 성령님의 사역이기도 했다는 것을 보여주는 거예요. SFC 강령에서 "하나님 중심"이라고 할 때, "하나님"을 삼위일체 하나님으로 이해해야 하는 이유가 여기에 있습니다. 하지만 마찬가지로 중요한 이유가 있는데, 우리 역시 성령님이 함께 하시면 예수님처럼 살 수 있다는

것을 가르쳐 주기 위해서입니다.

성령님의 사역

갈라디아서에서 사도 바울이 강조하는 성령님의 사역은 두 가지입니다. 첫째는 교회가 하나가 되는 것입니다. 둘째는 성령의 열매를 맺는 것입니다. 한 마디로 말하면 예수님의 몸을 지키고, 예수님처럼 살아가는 것입니다.

이 일을 위해서 우리는 성령으로 충만해져야 합니다. 어떻게 성령충만한 삶을 살 수 있을까요? 로마서 8장 5절은 단 한 가지를 명령합니다. "육신을 따르는 자는 육신의 일을, 영을 따르는 자는 영의 일을 생각하나니"

여기에서 성령의 일을 생각하라는 것은 우리가 성령의 일을 행할 것을 생각하라는 말씀이 아닙니다. 오히려 성령님께서 우리 안에서 행하고 계시는 일을 생각하라는 것입니다. 성령님은 어떤 일을 하고 계세요? 로마서 8장 26-27절입니다.

> ²⁶ 이와 같이 성령도 우리 연약함을 도우시나니 우리가 마땅히 빌 바를 알지 못하나 오직 성령이 말할 수 없는 탄식으로 우리를 위하여 친히 간구하시느니라 ²⁷ 마음을 감찰하시는 이가 성령의 생각을 아시나니 이는 성령이 하나님의 뜻대로 성도를 위하여 간구하심이니라

마찬가지로 갈라디아서 4장 6절에서는 이렇게 말씀합니다.

너희가 아들이므로 하나님이 그 아들의 영을 우리 마음 가운데 보내사 아빠 아버지라 부르게 하셨느니라

저는 여러 해 전에 기도에 대해 1년간 묵상한 적이 있습니다. 그때 가장 깊이 깨달은 사실은 "기도는 인간의 일이기 이전에 하나님의 일이라는 사실"입니다. 하나님이신 예수님께서 기도하신 이유는 예수님이 뭔가 부족해서가 아니라, 우리를 위해 중보하신 것입니다. 하나님이신 성령님께서도 마찬가지입니다. 우리가 연약하여 기도할 힘조차 없을 때, 그때에도 성령님은 포기하지 않으시고, 우리를 위해 간구하십니다. 여기에서 우리는 두 가지를 깨닫습니다. 첫째로 하나님은 사랑이시라는 사실이며, 둘째로 이제 우리에게는 희망이 있다는 사실입니다. 우리가 성령충만 받기를 사모하는 것보다 더욱 간절하게 성령님께서 우리의 성령충만을 사모하십니다. 우리가 실패하여 넘어져도 성령님은 절대 포기하지 않으십니다.

사랑하는 여러분, 성령님은 절대로 우리를 포기하지 않으십니다. 우리에게 믿음을 주시고, 아브라함의 복에 참여하게 하십니다. 하나님께서 아브라함에게 주신 비전이 이뤄지게 하십니다. 우리가 그리스도의 몸인 교회를 하나가 되도록 하십니다. 우리가 그리스도처럼 성령의 열매를 맺도록 도우십니다. 이 시

간 바로 그 성령님께 나아오시기 바랍니다. 아멘.

3장

그리스도와 함께 하는 "운동"

막 5:1-20; 사 65:4-6; 시 66:16

막 5 ¹ 예수께서 바다 건너편 거라사인의 지방에 이르러 ² 배에서 나오시매 곧 더러운 귀신 들린 사람이 무덤 사이에서 나와 예수를 만나니라 ³ 그 사람은 무덤 사이에 거처하는데 이제는 아무도 그를 쇠사슬로도 맬 수 없게 되었으니 ⁴ 이는 여러 번 고랑과 쇠사슬에 매였어도 쇠사슬을 끊고 고랑을 깨뜨렸음이러라 그리하여 아무도 그를 제어할 힘이 없는지라 ⁵ 밤낮 무덤 사이에서나 산에서나 늘 소리 지르며 돌로 자기의 몸을 해치고 있었더라. ⁶ 그가 멀리서 예수를 보고 달려와 절하며 ⁷ 큰 소리로 부르짖어 이르되 지극히 높으신 하나님의 아들 예수여 나와 당신이 무슨 상관이 있나이까 원하건대 하나님 앞에 맹세하고 나를 괴롭히지 마옵소서 하니 ⁸ 이는 예수께서 이미 그에게 이르시기를 더러운 귀신아 그 사람에게서 나오라 하셨음이라 ⁹ 이에 물으시되 네 이름이 무엇이냐 이르되 내 이름은 군대니 우리가 많음이니이다 하고 ¹⁰ 자기를 그 지방에서 내보내지 마시기를 간구하더니 ¹¹ 마침 거기 돼지의 큰 떼가 산 곁에서 먹고 있는지라 ¹² 이에 간구하여 이르되 우리를 돼지에게로 보내어 들어가게 하소서 하니 ¹³ 허락하신대 더러운 귀신들이 나와서 돼지에게로 들어가매 거의 이천 마리 되는 떼가 바다를 향하여 비탈로 내리달아 바다에서 몰사하거늘 ¹⁴ 치던 자들이 도망하여 읍내와 여러 마을에 말하니 사람들이 어떻게 되었는지를 보러 와서 ¹⁵ 예수께 이르러 그 귀신 들렸던 자 곧 군대 귀신 지폈던 자가 옷을 입고 정신이 온전하여 앉은 것을 보고 두려워하더라 ¹⁶ 이에 귀신 들렸던 자가 당한 것과 돼지의 일을 본 자들이 그들에게 알리매 ¹⁷ 그들이 예수께 그 지방에서 떠나시기를 간구하더라 ¹⁸ 예수께서 배에 오르실 때에 귀신 들렸던 사람이 함께 있기를 간구하였으나 ¹⁹ 허락하지 아니하시고 그에게 이르시되 집으로 돌아가 주께서 네게 어떻게 큰 일을 행하사 너를 불쌍히 여기신 것을 네 가족에게 알리라 하시니 ²⁰ 그가 가서 예수께서 자기에게 어떻게 큰 일 행하셨는지를 데가볼리에 전파하니 모든 사람이 놀랍게 여기더라.

사 65 ⁴ 그들이 무덤 사이에 앉으며 은밀한 처소에서 밤을 지내며 돼지고기를 먹으며 가증한 것들의 국을 그릇에 담으면서 ⁵ 사람에게 이르기를 너는 네 자리에 서 있고 내게 가까이 하지 말라 나는 너보다 거룩함이라 하나니 이런 자들은 내 코의 연기요 종일 타는 불이로다 ⁶ 보라 이것이 내 앞에 기록되었으니 내가 잠잠하지 아니하고 반드시 보응하되 그들의 품에 보응하리라.

시 66 ¹⁶ 하나님을 두려워하는 너희들아 다 와서 들으라 하나님이 나의 영혼을 위하여 행하신 일을 내가 선포하리로다.

하나님의 나라를 가져오신 예수님

하나님의 나라는 하나님의 통치가 이뤄지는 영역을 말합니다. 하나님은 온 세상을 통치하십니다. 하지만 그렇다고 해서 이 세상의 어두운 영역, 즉 도둑들의 모임을 하나님의 나라라고 부를 수는 없을 것입니다. 그런 점에서 하나님의 나라는 하나님께서 예수 그리스도를 통하여 적극적으로 통치하는 나라를 가리킵니다. 예수님은 하나님의 나라를 이 땅에 가져오신 분입니다. 오늘 본문은 예수님께서 하나님의 나라를 어떻게 가져오셨는지 잘 보여줍니다.

거라사인의 지방에 배를 타고 가신 예수님

본문은 예수님께서 귀신 들린 한 사람을 고치는 사건입니다. <u>첫째로, 귀신 들린 사람의 모습을 살펴봅시다.</u>

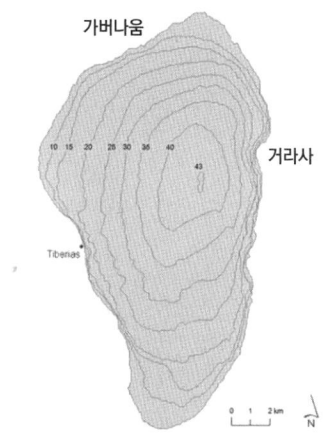

거라사로 가신 예수님

거라사가 뱃길로 9km 정도 떨어진 게르게사라고 한다면, 배로 가는 데 적게는 1시간 30분 정도, 길게는 4시간 50분 정도가 걸렸다고 볼 수 있다.

1절에 보시면, 예수님은 바다 건너편 거라사인의 지방에 이르렀다고 되어 있습니다.

이 지방이 어디인지는 확실하지 않습니다. 어떤 학자는 가버나움에서 뱃길로 9km 정도 떨어진 게르게사^{Gergesa}라고도 하고, 어떤 이는 20km가 넘는 곳이라고도 합니다. 하지만 대체로 학자들은 뱃길로 9km 정도 떨어진 "게르게사"라고 합니다. 당시의 배는 바람이 잘 불어줄 때는 시간당 6km 속도로 진행했습니다. 하지만 바람이 반대로 불 때는 시간당 2km 속도로 진행했습니다.[14] 그래서 배로 가는 데 적게는 1시간 30분 정도, 길게는 5시간 정도가 걸렸다고 볼 수 있습니다.

---

14 이런 예측은 고대 배의 속도를 자세하게 다루고 있는 아래 논문에 근거하고 있다. Lionel Casson, "Speed Under Sail of Ancient Ships," *Transactions of the American Philological Association* 82 (1951): 136-148. (참고로, 1노트는 0.514m/s 또는 1.852km/h이다.) 사실 이것은 배마다 속도가 다르고, 문헌상 남아 있는 것으로 추정하기 때문에 정확한 것은 아니다. 하지만 이런 어림짐작이 크게 틀린 것은 아닐 것이다. 고대 세계의 바다 여행에 대해서는 아래 문헌들을 더 참조하라. Lionel Casson, *Ships and Seamanship in the Ancient World* (Baltimore: Johns Hopkins University Press, 1995); Lionel Casson, *Travel in the Ancient World* (Baltimore: Johns Hopkins University Press, 1994), 149-162; Moyer V. Hubbard, *Christianity in the Greco-Roman World: A Narrative Introduction* (Grand Rapids, MI: Baker Academic, 2010), 279.

2절에서 예수님은 배에서 나오셨다고 하는데, 그 배는 베드로의 배였을 것입니다.

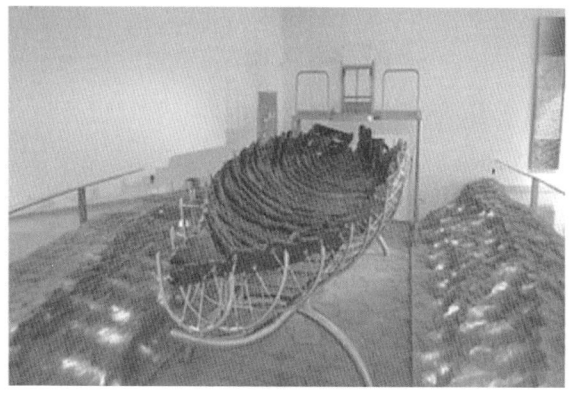

예수님께서 타셨던 배
The Jesus' Boat

1986년 1월에 대가뭄으로 드러나서 발견된 이 배는 1세기 당시의 것으로 추정됨. 물론 예수님과 그 제자들이 탔던 것인지는 모름. 하지만 복음서에 약 50회 가량 언급된 배의 모습을 보여줌
길이 8.27m ｜ 폭 2.3m ｜ 높이 1.3m (발굴된 높이)

'지저스 보트'Jesus Boat라고 1986년에 발견된 보트가 있습니다. 그해에 갈릴리 지역에 가뭄이 심했는데, 그때 모세 루판Moshe Lufan, 유발 루판 형제가 발견한 보트입니다. 학자들은 이 배가 주전 100년에서 주후 200년 사이의 배라고 추정합니다. 정확하게 예수님이 탄 배는 아니지만, 예수님 시대 배라서 '지저스 보트'라고 불립니다. 길이가 8.27미터, 폭이 2.3미터, 높이가 1.3미터였으니까, 12명이 다 타기에 그렇게 큰 배는 아닙니다. 예수님의 제자들은 베드로, 안드레, 야고보, 요한을 포함해서 모두 12명입니다(막 4:10).

더러운 군대 귀신과 만나신 예수님

2절에 예수님께서 배에서 나오시니까 "더러운 귀신" 들린 사람이 무덤 사이에서 예수님을 만납니다. 귀신은 다 더럽습니다. 마가복음에서 "귀신"에 대한 수식어 중에 가장 많은 것이 "더러운 귀신"입니다.[15] 더럽다는 말은 그 하는 행동이 너무나 악하다는 의미죠. 여기 "만나니라"라고 되어 있는데, 의도성을 가지고 만난다는 뜻입니다. 대결하기 위해서죠.

3절부터 5절에 그 사람의 모습이 묘사됩니다.
첫째, 그는 무덤 사이에 거처하는데, 아무도 쇠사슬로 맬 수 없는 상태였습니다(3절). 왜냐하면 여러 번 고랑과 쇠사슬에

---

15 막 1:23, 26, 27; 3:11, 30; 5:2, 8, 13; 6:7; 7:25; 9:25를 보라.

매었어도 쇠사슬을 끊고 고랑을 깨뜨렸기 때문이죠(4절). 한마디로 통제 불가능인 사람이었습니다. 아무도 그를 제어할 힘이 없었습니다.

둘째, 그는 무덤 사이에 있었는데, 밤낮 무덤 사이에서 거했습니다(3, 5절). 앞의 내용이 그 사람의 상태에 대한 것이라면, 이 내용은 장소와 시간적 상황을 보여줍니다. 장소는 무덤인데, 무덤은 죽음을 뜻하죠. 그는 밤낮 무덤에 있었어요. 소망이 끊어지고 절망 가운데 있었다는 것입니다. 귀신의 역사는, 죽음의 역사는 밤낮 지속됩니다.

셋째, 그는 돌로 자기의 몸을 해치고 있었습니다(5절). 원어로 보면, 자기 몸을 자른다는 의미입니다. 얼마 전 뉴스를 보니까, 사람을 살해하고 잘라서 유기한 기사가 있었습니다. 너무 끔찍했습니다. 그런데 이 사람은 자기 몸을 그렇게 하고 있습니다. 얼마나 비참한 일입니까!

넷째, 그는 늘 소리 지르며 다녔습니다(5절). 귀신 들린 사람은 뭔가 계속 말합니다. 하지만 그 말을 알아들을 수 없습니다.

귀신은 그 사람을 파멸로 이끌고 있습니다. 이처럼 악의 세력은 사람을 총체적으로 망하게 합니다. 죄의 세력의 목적은 바로 파멸이요 멸망이요 죽음입니다.

　로마서를 보면 그 부분을 너무 잘 이야기 하고 있습니다. 로마서 1장 후반부(18-32절)는 모든 이방인들은 죄인이라고 합니다. 하나님을 떠나 우상숭배에 빠져 있으니까요. 그리고 그 결과로 성적인 타락, 불의, 무자비에 빠져 있으니까요. 로마서 2장 전반부(1-16절)는 모든 도덕주의자들은 죄인이라고 말합니다. 말은 잘 하지만 행동은 따라주지 않기 때문이죠. 로마서 2장 후반부(17-29절)는 모든 유대인들도 죄인이라고 합니다. 율법은 가졌지만, 종교생활은 하지만, 신앙생활은 하지 않기 때문입니다. 로마서 3장에서는 그러한 죄의 특징을 보편성, 기만성, 가속성, 중독성, 무익성, 비참성, 파멸성으로 요약합니다.[16]

　그런데 문제는 이 사람이 귀신의 속박으로부터 벗어날 수 없었다는 사실입니다. 이것이 인간의 모습입니다. 죄인은 철저하게 무능력 가운데 있습니다. 인간은 죄와 사망과 사탄의 노예로 태어납니다. 그 굴레에서 스스로 헤어 나올 수 없습니다.

　인간은 모두 죄인이며, 날 때부터 죄인입니다. 독일의 어떤 설교자가 말한 것처럼, 인간은 살인을 해서 살인자가 되는 것이 아니라 미움의 마음을 갖고 태어나기 때문에 살인자가 됩니

16　이것은 로마서에 나오는 죄의 일곱 가지 특성들을 떠올리게 한다. 죄는 보편성(롬 3:10), 기만성(롬 1:32), 가속성(롬 1:26-27), 중독성(롬 1:27), 파멸성(롬 1:28), 무익성(롬 3:12), 비참성(롬 3:16)을 가진다.

다. 인간은 도둑질을 해서 도둑이 되는 것이 아니라, 탐심을 갖고 태어나기 때문에 도둑이 됩니다. 사람이 극복할 수 없는 것이 죽음입니다. 그런데 그 죽음은 죄로 말미암아 온 것이죠. 그렇기에 인간은 죄를 극복할 수 없습니다.

여기 있는 이 귀신 들린 사람은 우리와는 정말 거리가 먼 사람처럼 느껴집니다. 하지만 우리도 때때로 어떤 쇠사슬에 묶여 있다고 느껴질 때가 있지 않습니까? 미움의 쇠사슬, 탐심의 쇠사슬, 정욕과 음란의 쇠사슬에 묶여 있다고 느껴질 때가 있지 않습니까? 우리도 역시 어둠 속에서 자신을 괴롭히면서 지내고 있을 때가 있지 않습니까? 자신이 살아온 인생, 혹은 지금 이 상태가 답답해서 소리 치고 싶을 때가 있지 않습니까?

유선경 씨가 쓴 『어른의 어휘력』이란 책이 있습니다. 그 책에 이런 대목이 나옵니다.

> 어느 날 새벽 세 시쯤 '왜 너는 너의 내면을 들여다보고 돌봐야 할 시간을 다른 데 허비했느냐.'며 채권자가 빚 독촉하듯 찾아온다. 세상이나 타인에 대한 작동이 제대로 이뤄지지 않는다. 내 인생이 내게 편치 않다. 세상에, 타인에, 내 인생에 나를 이대로 놓아둬도 괜찮은지 자꾸만 의문이 든다. 이대로 놓아두면 내 영혼이 세상과, 타인과, 그리고 나 자신과 버그러지고 바스러져 조각조각 흩어져 버릴 것 같다. 내가 없어진 것 같다. 없어질 것 같다. 비명을

질러도 소리가 나오지 않는다.¹⁷

여기 나오는 거라사 광인은 어쩌면 저와 여러분이 겪고 있는 인생의 고통과 괴로움을 극대화시켜 보여주는 존재일지도 모릅니다. 그런데 바로 그런 사람에게 예수님께서 찾아오십니다.

성경 전체는 찾아오시는 하나님에 대한 이야기로 가득 차 있습니다. 창세기 3장 9절에서 하나님께서는 스스로 신이 되려고 했던 아담과 하와에게 찾아오셔서 "아담아 네가 어디 있느냐?"라고 하셨습니다. 거라사 광인에게도 주님은 찾아오셨습니다. 지금 이 시간에도 주님은 우리를 찾아오십니다. 그럴 때 우리는 마음 문을 열어야 합니다. 받은 은혜에 만족하지 말고, 더 큰 은혜를 사모하며 나아가야 합니다.

귀신을 쫓아내시는 예수님

이제 둘째로 예수님께서 귀신을 어떻게 쫓아내시는지 봅시다.

6절과 7절에서 그 사람이 예수님을 보고 달려와서 절합니다. 그리고 큰 소리로 부르짖으면서 이렇게 말합니다. 7절입니다.

---

17 유선경, 『어른의 어휘력』(서울: 앤의서재, 2020), 199-200.

지극히 높으신 하나님의 아들 예수여 나와 당신이 무슨 상관이 있나이까 원하건대 하나님 앞에 맹세하고 나를 괴롭히지 마옵소서!

"지극히 높으신 하나님의 아들 예수여"라는 표현은 겉으로 보기에는 아주 멋져 보입니다. 마가복음을 보면 귀신들이 예수님에 대해 신앙고백을 종종 합니다. 하지만 그것을 진정한 신앙고백으로 볼 수 없습니다. 웨스트민스터 신앙고백서, 하이델베르크 교리문답은 있어도, "귀신의 신앙고백"은 없는 이유가 거기 있습니다. 귀신들은 참된 신앙이 없기 때문입니다.

신앙은 지식과 신뢰와 순종으로 이뤄집니다. 그런데 귀신들의 믿음은 지식은 있지만, 신뢰하지 않습니다. 조나단 에드워즈는 하나님은 우리가 가장 하나님을 의지할 때 가장 크게 영광 받으신다고 합니다. 귀신들은 그런 믿음은 없습니다. 또한 참된 믿음은 순종으로 나아가는 믿음입니다. 예수님 믿고 의롭게 된 사람은 주님의 말씀에 순종하며 살게 되어 있습니다. 하지만 귀신은 그렇게 하지 않지요. 따라서 귀신의 신앙고백은 있을 수 없습니다.

그렇다면 여기에서 왜 귀신 들린 사람이 예수님의 이름을 부를까요? 그것은 상대방의 이름을 불러 지배하려는 의도입니다.¹⁸ 그러나 이것은 사실 최후의 발악이라고 볼 수 있습니다. 왜냐하면 8절에 보니, 이미 예수님은 그 사람에게서 나오라고 하셨기 때문입니다.

> 이는 예수께서 이미 그에게 이르시기를 더러운 귀신아 그 사람에게서 나오라 하셨음이라

여러분, 예수님이 귀신을 어떻게 쫓으시는지 아세요? "닥쳐, 꺼져"입니다. 여기에서도 예수님은 그 사람의 말에 대답하시기 보다는, 나오라고 명령하십니다. 귀신 들린 사람은 달려오고, 소리 치고, 난리 법석을 떱니다. "지극히 높으신 하나님의 아들 예수여"라고 말합니다. 하지만 예수님은 그냥 조용히 "나오라!"라고 벌써 말씀하셨습니다. 귀에 들릴락 말락한 소리로 말씀하시면 됩니다. 왜냐하면 하나님이시기 때문입니다.

레기온 귀신

그런데 귀신은 즉각 나오지 않았습니다. 귀신이 워낙 독특한 것이죠. 그래서 예수님은 더 물으셨습니다.

> ⁹ 네 이름이 무엇이냐 이르되 내 이름은 군대니 우리가 많음이니

---

18 William L. Lane, *The Gospel of Mark*, The New International Commentary on the New Testament (Grand Rapids, MI: Eerdmans, 1974), 183-184.

이다.

여기서 말하는 "레기온", "군대"는 약 5,000-6,000명으로 이루어진 군인의 단위입니다.[19] 그러니까 그 사람은 더럽고 더러운 귀신들이 한 군대 단위로 붙은 거죠. 그러니 그 사람이 그토록 큰 고통과 어둠 가운데 있었던 것은 당연합니다. 천사가 얼마나 많을까요? 몰라요. 귀신은 또 얼마나 많을까요? 몰라요. 중세에 신학자 안셀무스는 천국에 거주할 수 있는 사람들의 숫자는 타락한 천사의 수보다는 더 많을 것이라고 합니다.[20] 그럴까요? 저는 몰라요.

아무튼, 여러분 생각해 보세요. 한 사람 안에 귀신 5천 마리가 들어가 있답니다. 귀신은 영물이라서 물질이 아니거든요. 그러니까 한 사람 안에 5천 마리가 들어가 있을 수 있어요. 엘리베이터에 사람이 많이 타면 "삑~ 하면서 이제 그만 타세요"라고 하죠. 그런게 귀신은 한 사람 안에 이렇게 많은 수가 들어갈 수 있어요. 마치 예전에 나온 "매트릭스"라는 영화를 보면 스미스 요원이 계속 나타나는 것처럼, 귀신이 그렇다는 거죠.

---

19 [출14:7] 선발된 병거 육백 대와 애굽의 모든 병거를 동원하니 지휘관들이 다 거느렸더라.

20 Anselm of Canterbury, "Cur Deus Homo," in *The Major Works*, ed. Brian Davies and G. R. Evans (Oxford, Oxford University Press, 1998), I.18.

그러나 그 엄청난 수의 귀신은 단 한 분이신 예수님보다 약합니다. 우리를 망가뜨리려는 사탄과 귀신의 권세와 열정은 우리를 구원하시려는 예수님의 권세와 열정을 이길 수 없기 때문입니다. 귀신들의 소리는 단 한 분 예수 그리스도의 "나오라"는 명령 앞에서 잠잠해질 수밖에 없습니다. 로마 황제가 명령하면 군단은 바로 이동해야 합니다. 예수님은 황제보다 권세가 큽니다. 레기온에게 명령하면 바로 나와야 합니다.

돼지 떼에 들어간 레기온 귀신

10절에서 귀신은 자기들을 그 지방에서 내보내지 마시기를 간구했습니다. 왜 그럴까요? 이것은 그 지역의 특성을 보면 알 수 있습니다. 그 지역은 11절에 나오듯이 돼지들을 많이 사육하는 곳이었습니다. 유대인들은 돼지를 먹지 않습니다. 그래서 돼지들이 많았다는 것은 그 지역이 이방인 지역이란 뜻입니다.[21] 군대 귀신은 그 지역에 살면서 재미를 많이 보았을 것입니다. 그래서 그 지역에서 떠나게 하지 않으시도록 예수님께 간청하고 있습니다.

12절에 보니, 귀신들은 예수님께 간구하여 "우리를 돼지에

---

[21] James A. Brooks, *Mark*, The New American Commentary, vol. 23 (Nashville: Broadman & Holman Publishers, 1991), 89-90에서 이 지역은 이방지역이었고, 귀신들린 사람 또한 이방인이었을 것이라고 주장한다.

게로 보내어 들어가게 하소서."라고 요청합니다. 예수님은 즉각적으로 허락하셨습니다. 그렇지 않으면 이 귀신들이 다른 사람들에게 들어가서 난동을 피울 수 있기 때문입니다.

그래서 더러운 귀신들은 돼지에게로 들어갔습니다. 거의 이천 마리 되는 떼가 바다를 향하여 비탈로 내리달아 바다에서 몰사했습니다(13절). 이처럼 귀신들이 하는 짓은 똑같습니다. 사람을 파멸로 이끌든지, 돼지를 파멸로 이끌든지, 귀신은 파멸로 이끕니다.

여기에서 우리의 질문은 이것입니다. 왜 예수님은 그 많은 돼지 떼에게 들어가게 하셨을까요? 그리하여 그 돼지 떼가 죽게 하셨을까요? 우선 우리가 생각할 것은 예수님께서 그 돼지 떼를 직접 죽게 한 것은 아니라는 사실입니다. 레기온 귀신이 돼지 떼에 들어가게 해 달라고 하셨을 때 허락하신 것뿐입니다. 그렇다면, 왜 허락하신 것일까요?

첫째로, 한 사람을 구하는 것이 그 많은 돼지 떼보다 더 중요하기 때문입니다.[22]

그 날 예수님께서 배를 타고 멀리 가셔서 하신 일은 바로 이 더러운 귀신 들린 자를 고치신 것 하나였습니다. 왜 예수님은

---

[22] James R. Edwards, *The Gospel according to Mark*, The Pillar New Testament Commentary (Grand Rapids, MI: Eerdmans, 2002), 159.

이런 먼 여행을 떠나셨을까요? 제자들은 정말 황당했을 것입니다. 더군다나, 예수님은 그 광인 안에 있던 귀신들이 돼지 떼로 들어가게 하셨습니다. 그래서 결국은 거의 이천 마리가 되는 돼지 떼가 죽게 되었습니다. 사람들은 귀신 들린 사람 한 명을 구하기 위해서 10억 원의 재산을 잃게 된 이 상황이 이해가 안 되었을 것입니다.

하지만 저는 이 본문을 묵상하면서, 이렇게 생각해 봤습니다. '그 귀신 들린 사람이 저라면, 혹은 제 자녀라면 어땠을까?' 그랬다면 이천 마리 돼지 떼 대신에 저를 구원해 주신 것이 정말 감사했을 것입니다. 예수님은 귀신 들린 사람의 고통을 직접 느끼셨습니다. 그래서 그 많은 돼지가 희생당하더라도 구원하시고자 했습니다. 이 사건으로 제자들을 분명히 느꼈을 것입니다. 한 사람의 생명을 구하는 것이 천하보다 더 소중하다는 사실을요.

둘째로, 그와 함께 예수님은 중요한 일을 행하셨습니다. 그것은 그 돼지 떼가 몰사 당함으로써 <u>그 지역에 우상숭배가 그치게 되는 일입니다.</u> 물론 돼지 떼가 몰사 당한 것은 사탄이 한 잔인한 일입니다. 레기온은 예수님에 대한 복수로 그런 일을 했을 수 있습니다. 하지만 예수님은 사탄의 악조차 사용하셔서 결국 더 큰 선이 이뤄지게 하셨습니다.

역사가들에 따르면, 이 지역은 로마가 세운 도시 중에 하나로, 로마 군대가 주둔하고 있었다고 합니다. 그들에게 고기를 공급하기 위해서 돼지를 기르고 있었던 것입니다.[23] 돼지들은 식용으로 사용되기도 했지만, 제사용으로 사용되기도 했습니다. 특히 로마인은 수오베타우릴리아^{suovetaurilia}라는 제사 의식을 행했는데, 이것은 전쟁의 신인 마르스에게 돼지^{sus}, 양^{ovis}, 황소^{taurus}를 잡아 바침으로써 땅을 정결하게 만드는 의식이었습니다. 로마의 군인들은 돼지를 잡아 마르스에게 바침으로 군기를 다졌고, 돼지를 먹고 힘을 내어 사람들을 정복하고 죽이고 압제했습니다. 그것이 바로 "팍스 로마나" 로마의 평화가 이뤄지는 방식이었습니다. 하지만 예수님은 그런 문화에 대해 "그만해!"라고 말씀하십니다. 주님은 돼지 떼가 몰사 당하는 이 일을 통해 한 사람의 영혼과 생명을 구하시고, 그 사회의 우상숭배를 그치게 하셨습니다. 그렇게 함으로써 오히려 거라사 지역을 진정으로 정결하게 만드셨습니다.

특별히, 여기에서 군대 귀신, 레기온을 물에 빠뜨리시는 장면은 출애굽기 14장 28절에서 홍해가 애굽의 병거들과 기병들을 덮친 것을 생각나게 합니다. 주님께서는 구약에서 하나님의 백성을 붙잡고 괴롭히던 애굽의 병사들을 심판하셨습니다. 마

---

[23] 제임스 에드워즈, 『PNTC 마가복음』, 전용우 옮김 (서울: 부흥과개혁사, 2018), 201-2.

찬가지로 이 본문에서 귀신 들린 사람을 붙잡고 있던 레기온은 돼지 떼와 함께 몰살당합니다.

우리 주변에 레기온 들린 사람은 어떤 사람일까요? 그것은 이 시대가 빠져 있는 우상숭배 때문에 고통을 겪는 사람들입니다. 한국 사회는 경쟁과 물질주의, 무관심과 폭력으로 심하게 병들어 있습니다. 그러다보니 마음의 병이 깊어진 사람들이 많습니다. 귀신 들림과 정신병은 다릅니다. 하지만 둘 다 인간의 삶을 피폐하게 만든다는 점은 공통점입니다. 우리나라의 경우 2019년 일 년간 우울증 환자가 69만 명, 불안장애 환자가 65만 명 정도였으나, 2021년에는 코로나 여파로 인하여 우울증 환자가 93만 명, 불안장애가 86만 명이 넘었습니다. 2022년에는 우울증 환자가 100만 명을 넘어섰습니다. 국민 52명당 한 명 꼴로 우울증 약을 먹고 있는 상황입니다. 혹시 여러분들 가운데 마음의 병이 있는 분들이 있다면, 여러분의 잘못이 아닙니다. 이 사회가, 여러분의 환경이, 이 세상의 우상숭배 문화가 그렇게 만든 것입니다.

사랑하는 여러분, 바로 그런 사람에게 예수님께서 찾아가십니다. 그 사람에게서 레기온을 쫓아주시고, 그 사람이 속한 사회를 고쳐주십니다. 예수님은 이렇게 사람과 사회를 고치는 일을 함께 하십니다. 바로 이것이 하나님 나라 운동입니다. SFC 강령에서 "개혁주의 교회 건설"을 외치며, "교회 중심"을 외칠

때, 그 "교회"는 이렇게 하나님 나라 운동을 하는 교회입니다.[24]

광인의 변화

<u>이제 셋째로, 예수님 사역의 결과를 보겠습니다.</u>

예수님의 이러한 기적을 본 사람들의 반응은 다양합니다. 14절에 돼지 치던 사람들이 읍내와 여러 마을에 말했습니다. 15절에 그들은 군대 귀신 지폈던 사람을 보게 됐습니다.

그는 이제 옷을 입고 있습니다. 이전에 그는 부끄러움을 몰랐습니다. 그러나 이제 자신의 수치를 가리고 있습니다. 그는 정신이 온전해졌습니다. 이전 그는 자신이 어떤 상태인지 몰랐습니다. 그러나 이제 제대로 생각하고 살게 되었습니다. 앉아 있습니다. 이전에 그는 크게 소리 지르며 계속 돌아다녔습니다. 불안 속에서 쉬지 못하는 상태였습니다.

아우구스티누스는 『고백록』 1권 1장에서 이렇게 말했습니다. "주님을 향하도록 우리 마음을 지으셨으니, 주님 안에서 안식하기까지 우리 마음 쉬지를 못하나이다." 17세기 철학자 파스칼은 『팡세』 168번 글에서 이렇게 적고 있습니다. "인간의 불행은 단 한 가지 사실에서 생기는데, 그것은 그가 방 안에 조용히 앉아있지 못한다는 것이다. 만일 인간이 자족하여 살 수 있

---

24 교회와 하나님 나라의 관계에 대해서는 아래 책을 보라. 우병훈, 『교회를 아는 지식』(서울: 복있는사람, 2022), 20-21, 205-206.

고, 집에 행복하게 머물 수 있는 법을 안다면, 바다를 보러 가거나 도시에서 전쟁을 하지 않을 것이다."[25] 귀신 들린 사람도 이전에는 그랬습니다. 쉼 없이 돌아다녔습니다. 하지만 이제 그는 예수님을 만났고, 안식을 찾았습니다.

사람들의 반응

16절에 사람들은 자신들이 본 것을 모인 사람들에게 전했습니다. 그러자 17절을 보십시오.

> 그들이 예수께 그 지방에서 떠나시기를 간구하더라

15절에서도 예수님의 기적을 본 사람들은 두려워했습니다. 17절에서도 그 일을 들은 사람들은 두려워하여, 예수님께 떠나 달라고 간청합니다. 두 가지 마음이 같이 있었을 것입니다. 우선, 또 다른 손해가 있을 수도 있기 때문입니다. 그들은 귀신 들린 사람이 구원 받는 것보다 자신들 재산에 뭔가 생길 수도 있는 손해를 두려워했습니다. 하지만 그와 함께, 실제로 예수님이 무서웠기 때문입니다. 너무나도 큰 능력을 가진 분이기에 가까이 하기 무서웠던 것입니다. 영국의 어떤 정치가는 이렇게 말했습니다. "셰익스피어가 우리 앞에 나타나면 우리는 반가워

---

25 Blaise Pascal, *Pensées and Other Writings*, trans. Honor Levi, World's Classics (Oxford: Oxford University Press, 2008), 44 (#168).

서 인사를 할 것이다. 하지만 예수님이 우리 앞에 실제로 나타나면 우리는 두려워서 엎드릴 것이다." 예수님의 권능을 직접 본 사람들은 두려울 수밖에 없습니다.[26]

광인에게 복음 전파의 사명을 주신 예수님

18-19절에 보니, 독특한 말씀이 나옵니다.

> [18] 예수께서 배에 오르실 때에 귀신 들렸던 사람이 함께 있기를 간구하였으나 [19] 허락하지 아니하시고 그에게 이르시되 집으로 돌아가 주께서 네게 어떻게 큰 일을 행하사 너를 불쌍히 여기신 것을 네 가족에게 알리라 하시니

귀신 들림에서 나은 사람은 예수님과 함께 있기를 간청합니다. 이것은 제자로 받아달라는 뜻입니다. 그러나 주님은 허락하지 않으십니다. 예수님은 예수님대로, 그는 그대로 해야 할 일이 있기 때문입니다. 예수님은 이스라엘 집을 먼저 고치시고, 그 이후에 이방으로 복음이 본격적으로 퍼져나가길 원하셨습니다. 칼뱅은 이러한 전략을 설명하면서, "예수님은 오직 이스라엘을 위한 선지자 사역을 감당하신 이후에, 온 세상을 위한 대제사장의 사역을 감당하신다"고 주석하였습니다.[27] 이 시점

---

[26] Edwards, *The Gospel according to Mark*, 159.

[27] 마태복음 15장 24절에 대한 칼뱅의 주석을 참조하라.

에서 이방인 제자를 영입하는 것은 이스라엘 전도와 십자가 사역에 걸림돌이 될 수 있습니다.[28] 그래서 오히려 그에게 사명을 주어서 보냅니다. 예수님은 귀신 들린 자, 악에 눌린 자를 고치셔서 회복시키시고 복음 전파의 사명을 주십니다. 은사는 사명이기 때문입니다.

로마서 5장을 보면, 환란은 인내를, 인내는 연단을, 연단은 소망을 이룬다는 말씀이 나옵니다. 환란이 있더라도 결국에는 소망을 이뤄낸다는 것입니다. 여기에서 소망을 이룬다는 말씀은 소망의 전달자가 된다는 말씀입니다.

사랑하는 여러분, 여러분 가운데 남들이 모르는 고통을 겪고 있는 분이 있으십니까? 정말 힘든 시간을 보내는 분이 있습니까? 과거에 큰 상처를 받으신 분이 계세요? 이 시간 기억하시기 바랍니다. 고통은 사명으로 나아가는 문입니다. 의심은 확신으로 나아가는 길입니다. 예수님은 의심하는 '호이(οἱ)'들에게 위대한 명령과 약속을 주셨습니다. 그 주님은 구약 시대에는 우상숭배에 빠져 있고, 믿음의 조상이 되기에 아무런 것도 못 갖춘 아브라함에게 다섯 가지 약속을 주셨습니다.

---

28 황원하, 『설교자를 위한 마가복음 주해』(서울: CLC, 2009), 5:18-20에 대한 주석을 보라.

왜 하나님은 그렇게 일하세요? 그래야지만 하나님께만 영광이 되기 때문입니다. 만일 하나님께서 세상에 잘난 사람, 대단한 사람만 쓰신다면, 사람들은 "저 사람은 원래 대단하니까, 저렇게 하나님 일을 잘 하는 거야."라고 생각할 것입니다. 하지만 부족한 사람, 못난 사람, 병에 걸린 사람, 연약한 사람을 쓰신다면, 사람들은 오직 하나님께만 영광을 돌릴 것입니다.

그 사람이 전해야 할 복음이 19절에 요약되어 있습니다.

주께서 네게 어떻게 큰 일을 행하사 너를 불쌍히 여기신 것을 네 가족에게 알리라.

여기에서 이 모든 사역을 행하신 예수님의 근본 동기가 나와 있습니다.

그것은 그를 불쌍히 여기신 것입니다. 예수님은 귀신 들린 사람을 불쌍히 여기셨습니다. 왜 예수님은 이 사람을 그토록 불쌍하게 여기셨을까요? 그 사람의 과거와 현재와 미래를 보셨기 때문입니다. 귀신 들린 사람을 본 적이 있습니까? 귀신이 들리는 것은 멀쩡한 사람이 어느 날 갑자기 들리는 것이 아닙니다. 귀신이 사람에게 들어올 때에는 그 이전에 스토리가 있습니다. 정말 더러운 귀신이 역사하기 좋은 그런 고통스런 삶의 이야기가 있습니다.

그리스도와 함께 하는 "운동"

예수님은 바로 그러한 거라사 광인을 보시고 불쌍히 여기셨습니다. 그가 귀신 들린 그 과거와 그의 현재 모습, 그리고 그 상태로 산다면 비참하게 끝나게 될 그의 미래를 보시고 그를 불쌍히 여겨 구원하셨습니다.

이제 예수님으로부터 사명을 받은 그 사람은 주님께서 자기에게 어떻게 큰 일 행하셨는지를 데가볼리에 전파했습니다(20절). 이렇게 해서 예수님의 생명이 더 많은 사람들에게 퍼져 나가게 되었습니다.[29] 마가복음 7장 31절에 보면, "예수께서 다시 두로 지방에서 나와 시돈을 지나고 데가볼리 지방을 통과하여 갈릴리 호수에 이르시매"라고 합니다. 예수님께서 데가볼리에 다시 가셨던 것은 이미 이 변화된 광인을 통하여 그 지역에 하나님 나라의 일이 퍼져 나가고 있음을 아셨기 때문입니다.

광인 예수와 하나님 나라 운동의 원리

사랑하는 여러분, 바로 이것이 하나님 나라 운동입니다. <u>하나님 나라 운동은 죄와 사망과 사탄의 종이 된 한 사람을 불쌍히 여기는 일에서부터 시작합니다.</u> 그를 말씀으로, 성령의 능력으로 회복 되도록 도와줍니다. 그리고 그러한 변화를 통해서 가족이, 사회가 변하도록 합니다. 이 세상의 우상숭배가 멈추

---

[29] 이 사건은 이방인 전도를 예상하게 해 주는 일종의 복선 역할을 한다. (Brooks, *Mark*, 89).

고, 복음과 생명의 역사가 일어나도록 합니다. 예수님은 사람과 사회를 함께 고칩니다. 이것이 기독교 윤리의 특징입니다.[30]

그런데 놀라운 점은 이것입니다. 예수님은 사람과 사회를 고치시기 위해 "십자가의 길"을 가셨다는 사실입니다. 그리고 십자가의 길 가운데 예수님은 광인처럼 되셨다는 사실입니다.

예수님은 십자가의 길로 가시면서 거라사 광인처럼 결박 당하셨습니다. 그분은 결박을 푸실 수 있는 능력이 있음에도 그 결박을 풀지 않으셨습니다. 예수님은 거라사 광인처럼 악의 세력의 노리개가 되셨습니다. 주님은 그 악의 세력을 얼마든지 제압하실 수 있지만 그러지 않으셨습니다.

예수님은 거라사 광인처럼 옷 벗김 당했습니다. 하지만 사실 그분은 그렇게 함으로써 우리에게 의의 옷을 입혀주셨습니다.

예수님은 거라사 광인처럼 십자가에서 소리 치셨습니다. "엘리 엘리 라마 사박다니!"(나의 하나님 나의 하나님 어찌하여 나를 버리시나이까!)라고요. 그러나 사람들은 그 말을 제대로 이해하지 못했습니다. 엘리야를 부른다고 착각했습니다.

예수님은 거라사 광인처럼 날카로운 것에 몸이 찢어졌습

---

[30] 신약은 개인윤리와 사회윤리를 포괄하는 윤리적 비전을 제시한다. 우병훈, 『기독교 윤리학』(서울: 복있는사람, 2019), 81-94를 보라.

니다.

예수님은 거라사 광인처럼 무덤에 거하셨습니다. 그의 시신이 밤낮 사흘을 무덤에 머물렀으니까요.[31] 그런데 바로 그 예수님께서 결박과 악의 세력과 무덤과 죽음을 이기시고 부활하셨습니다!

하나님의 아들이신 예수님께서 광인처럼 되신 이유는, 십자가와 부활 안에서 광인의 역사를 완전히 끝장 내시기 위해서였습니다.

이제 우리는 그리스도 안에서 죄와 사망과 사탄에게 결박당하지 않습니다. 이제 우리는 그리스도 안에서 악의 세력의 노리개가 되지 않습니다. 이제 우리는 그리스도 안에서 의의 옷을 입고 있습니다. 이제 우리는 그리스도 안에서 "엘리 엘리 라마 사박다니!"라고 소리칠 필요가 없습니다. 이제 우리는 그리스도 안에서 우리 몸을 진정 사랑할 수 있습니다. 이제 우리는 그리스도 안에서 죽음에서 벗어났습니다!

---

[31] 그리스도께서 친히 광인의 자리까지 내려가셨다는 부분은 내가 2023년 6월 4일에 본문을 묵상하면서 깨달은 내용이다. 그런데 이후에 이정규 목사님의 설교(2023.6.25.)를 듣다가 톰 라이트, 『모든 사람을 위한 마가복음』, 양혜원 옮김 (서울: IVP, 2011), 90에 비슷한 내용이 나온다는 사실을 알게 됐다. 하지만 라이트는 십자가를 언급하지만, 부활에 대해서는 언급하지 않는다. 그리스도 중심적 설교는 예수님의 낮아지심과 높아지심을 모두 지적해야 한다. 그래야 반쪽 복음이 되지 않는다.

그렇기에 이 시간 우리가 예배를 드리는 예수님은 지금 우리를 하나님 나라 운동으로 초청하고 계십니다. 혹은 절망에 빠져, 혹은 죄에 빠져, 어떻게 해 볼 수 없는 불쌍한 인생들에게 손을 내미시며, "일어나라"라고 말씀해 주십니다. 지금도 이 땅의 곳곳에서는 주님의 이 음성을 듣고 수많은 영혼들이 절망에서 희망으로, 사망에서 생명으로, 그리고 사명으로 나아가고 있습니다.

그렇기 때문에 여러분, 우리는 앞이 안 보이는 캄캄한 인생의 고통 속에서도 예수님을 의지할 수 있습니다. 우리가 도무지 어떻게 해 볼 수 없는 문제를 예수님께 가져올 수 있습니다.
이런 예수님이라면 여러분 한번 믿어볼 수 있지 않겠습니까? 이런 예수님이라면 그분의 제자로 다니며 하나님 나라 운동을 할 수 있지 않을까요?

그리스도와 함께 하는 운동은 바로 "한 영혼을 그리스도 안에서 불쌍히 여기는 것"에서부터 시작합니다. 우리가 이 세상의 많은 사람들을 불쌍히 여길 수 있지만, 예수 그리스도 안에서 한 영혼을 불쌍히 여기기 시작하면, 거기에서 하나님 나라 운동이 시작됩니다. 하나님 나라의 주인은 우리가 아니라 예수님이시기 때문입니다. 광인과 다를 바 없었던 우리를 구원하시기 위해 친히 광인의 자리로 내려가신 예수님 안에서 구원 받은 우리가, 바로 그 예수님 안에서 한 영혼을 불쌍히 여기기 시작할 때, 그리스도와 함께 하는 하나님 나라 운동이 시작됩니다. 여러분의 교회에서, 학교에서, 삶의 자리에서 한 사람을 불쌍히 여기는 분들이 되시기 바랍니다.

지금 예수님은 우리를 하나님 나라 운동으로 초청하고 계십니다.
친히 광인의 자리로 내려가셔서 우리 대신 고난 당하셨지만, 부활하심으로 광인의 역사를 완전히 끊고 새로운 하나님 나라 역사를 시작하신 바로 그분이 바로 여러분 안에 계십니다.

우리가 지향해야 하는 운동이 바로 이 하나님 나라 운동입니다.
사랑하는 여러분, 학생, 신앙, 운동을 떠올려 보세요. 만일 우리가 학생으로만 산다면 적당히 공부하고 일해도 됩니다. 그러나 우리는 제자 삼는 선생이 되어야 하기 때문에 최선을 다해 공부하고 일해야 합니다.
우리가 만일 나 혼자 구원 받는 것으로 그치는 신앙에 만족한다면 적당히 공부하고 일해도 됩니다. 그러나 우리는 그리스도와 연합하여 아브라함에게 주신 약속이 성령님 안에서 성취되는 것을 바라봐야 하기 때문에 최선을 다해 공부하고 일해야 합니다.
우리가 만일 하나님 나라를 갈망하지 않고 나의 행복만 추구하며 살길 원한다면 적당히 공부하고 일해도 됩니다. 그러나 우리는 우리 대신 광인의 자리까지 내려가신 예수님과 더불어 하나님 나라 운동을 해야 하기 때문에 최선을 다해 공부하고 일해야 합니다.

우리는 부족하고 연약하지만 하나님은 우리를 믿어주시며, 우리와 함께 일하고 싶어 하십니다. 여러분 모두를 이 운동으로 초청합니다. 믿음으로 하나님께 나아오십시오! 아멘.